AF587257

DVB

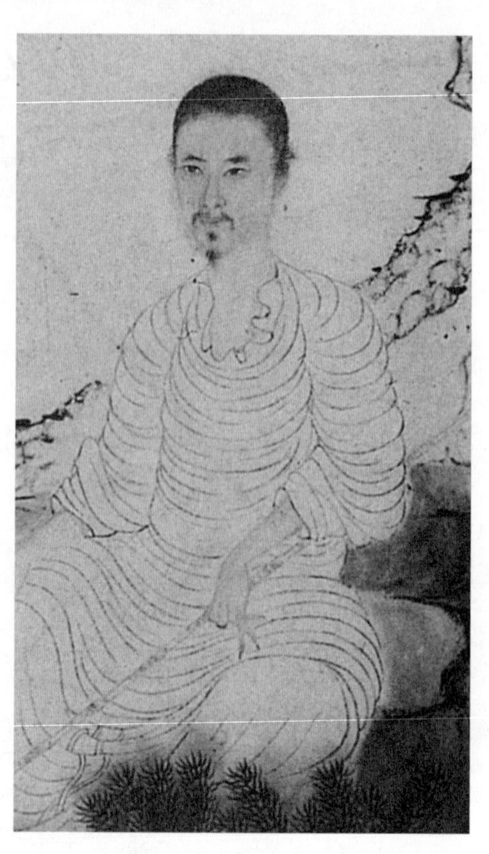

SHITAO

Aufgezeichnete Worte des Mönchs Bittermelone zur Malerei

Aus dem Chinesischen übersetzt und kommentiert von Marc Nürnberger

Mit 20 Abbildungen ausgewählt und erläutert von Helmut Brinker

DIETERICH'SCHE
VERLAGSBUCHHANDLUNG
MAINZ

Frontispiz:
Porträt von Shitao. Detail aus Abb. 1,
Meister Shi beaufsichtigt das Pflanzen von Kiefern
(s. S. 86/87)

ISBN 978-3-87162-068-3

Gesetzt aus der Bembo-Antiqua
Gesamtherstellung:
AZ Druck und Datentechnik GmbH, Kempten/Allgäu
Einband nach einem Entwurf von
Rambow und van de Sand, Frankfurt am Main

Inhalt

Shitao

Kugua Heshang huayulu
Aufgezeichnete Worte des Mönchs Bittermelone zur Malerei

Übersetzung und Kommentar

1. Absatz

Der All-Eine Pinselstrich

Im Höchsten Altertum waren keine Richtlinien gegeben, das Höchste Unbehauene zerstreute sich nicht. Sobald das Höchste Unbehauene sich jedoch einmal zerstreut hatte, waren die Richtlinien bereits aufgestellt. Auf welchem Grund wurden die Richtlinien aufgestellt? Sie gründen in dem All-Einen Pinselstrich. Der All-Eine Pinselstrich ist der Ursprung alles Gegebenen, die Wurzel der Zehntausend Erscheinungen. Sein Gebrauch zeigt sich im Geiste, im Menschen ist er verborgen – jedoch kennen die Zeitgenossen ihn nicht. Deswegen wurde die Richtlinie des All-Einen Pinselstrichs erst von mir selbst aufgestellt. Ich stellte die Richtlinie des All-Einen Pinselstrichs auf, denn mit Hilfe des Nichtgegebenseins einer Richtlinie bringt sie das Gegebensein einer Richtlinie hervor und erfasst mit Hilfe des Gegebenseins einer Richtlinie durchgängig alle Richtlinien.

Die Malerei folgt dem Herzen. Vermag man noch nicht tief in die Wirkungsverläufe des blühenden Durcheinanders von Bergen, Wassern, Menschen und Dingen, des empfangenen Wesens und der Gefühle der Tiere und Pflanzen, und der Längen- und Winkelmaße von Teichen, Pavillons, Gebäuden und Terrassen einzudringen und mittelbar deren Angesicht zu erschöpfen, dann

hat man letztlich noch nicht das große Gesetz des All-Einen Pinselstrichs erfasst.
Reisen in die Ferne und Aufstiege in die Höhe, sämtlich nehmen sie ihren Ursprung im Allerkleinsten. Doch dieser All-Eine Pinselstrich umfasst selbst restlos das, was jenseits der äußersten Ränder der Welt liegt. Auch wenn man hundert Millionen mal zehntausend mal zehntausend Mal zu Pinsel und Tusche griffe, würde es doch nicht den Fall geben, dass man nicht mit diesem begönne und mit diesem endete. Es kommt letztlich nur darauf an, dass der Mensch ihn ergreift. Die Menschen vermögen mit Hilfe des All-Einen Pinselstrichs den kompletten Wesenszusammenhang im Ansatz zu erfassen: Ist die Absicht aufrichtig klar, durchdringt der Pinsel alles.
Wenn das Handgelenk nicht leer ist, dann gilt vom Bild nicht, dass es ein Bild ist. Wenn vom Bild nicht gilt, dass es ein Bild ist, dann verfügt das Handgelenk über keine himmlische Wirkungskraft. Bewegt man das Handgelenk wie einen Kreisel, speist man es mit Kreisen, und lässt man es in der Weite der Leere ruhen, dann tritt der Pinsel aufrecht und kantig hervor, als ob er Bambus spaltete, dann dringt der Pinsel mit einer Klarheit ein, als ob er Sonne und Mond auf den Schultern trüge. Er vermag Rundes zu wirken. Er vermag Eckiges zu wirken. Er vermag Gerades zu wirken. Er vermag Gewundenes zu wirken. Er vermag Hohes zu wirken. Er vermag Niederes zu wirken. Links und Rechts ohne Be-

vorzugung behandelnd, erhaben über den Zwist zwischen Hervortretendem und Eingelassenem, setzt er seine spaltenden Hiebe kreuz und quer. So, wie das Wasser in die Tiefe dringt, so, wie die Flammen in die Höhe streben, ist dabei nicht mal ein Hauch Erzwungenes enthalten, denn er ist von selbst so.

Indem im Gebrauch nichts ungeistig ist, gibt es unter den Richtlinien keine, die nicht erfasst wird. Indem es unter den Wirkungsverläufen keinen gibt, in den nicht eingedrungen wird, gibt es kein Angesicht, das nicht restlos begriffen wird.

Sobald man der Hand vertraut und einmal zum Tanz ansetzt, lässt man Berge, Wasser, Menschen und Dinge, Tiere und Pflanzen, Teiche, Pavillons, Gebäude und Terrassen Gestalt annehmen und gebraucht ihre Stellung; man hält sie lebendig fest und bemisst ihre innere Absicht, man lässt ihre Gefühle walten, um die Szenerie nachzuahmen, man zeigt das Offensichtliche auf, um das gleichzeitig Enthaltene zu verbergen.

Die Menschen erkennen nicht, wie das Bild vollendet wird. Das Bild widerstrebt nicht dem Gebrauch ihres Herzens. Denn die Richtlinie des All-Einen Pinselstrichs war von dem Augenblick an bereits aufgestellt, da das Höchste Unbehauene sich zerstreute, und die Zehntausend Dinge waren von dem Augenblick bereits klar hervorgetreten, da die Richtlinie des All-Einen Pinselstrichs aufgestellt war. Deswegen sage ich:

Auf meinem Weg gibt es das All-Eine, um alles zu erfassen.

★

Kommentar

Bevor die Alten noch Richtlinien aufgestellt hatten, weiß ich nicht, welche Richtlinien sie als Richtlinien betrachteten. Nachdem die Alten aber einmal Richtlinien gegeben hatten, wird es nicht mehr geduldet, dass die heutigen Menschen die alten Richtlinien übertreffen. Für tausende, hunderte von Jahren, ja selbst die heutigen Menschen können diese nicht einmal übertreffen. Da sie nur die Spuren der Alten studieren, nicht aber der Alten Herz, ist es wohl nur angemessen, dass sie diese nicht ein einziges Mal übertreffen. Wie nutzlos!

Shitao

Der All-Eine Pinselstrich ist nicht das unaussprechliche *dao*, er ist kein Stellvertreter des Weges. Der All-Eine Pinselstrich ist keine Maßregel. Er ist nicht ein einzelner, erster Pinselzug.

Der All-Eine Pinselstrich vermittelt den ursprünglich reinen Zustand der All-Einen Welt mit der Zeit des Malers, in der man sich als Malender scheinbar nur noch innerhalb zehntausend gegebener Gesetze bewegen kann. Sein Wirken ist allgegenwärtig. Kein Werk, das nicht mit ihm einsetzte, kein Werk, das nicht mit ihm endete. Dennoch ist nur dem Geist gegeben, ihn zu erblicken. Äußerlich entzieht er sich dem Menschen. Der All-Eine Pinselstrich kann nicht von ihm besessen werden.

Shitaos Zeitgenossen war er verloren gegangen. Damit war all ihren Richtlinien, die jeden Fall vorab zu entscheiden pflegten, die Wurzel der welthaften Erscheinungen abhanden gekommen. Die Maler waren dabei, im Meer der Gegenstände zu erblinden. Ihre Bilder waren keine Bilder mehr. In dieser Situation wurde die Richtlinie des All-Einen Pinselstrichs aufgestellt.

Die Spuren des All-Einen durchziehen die gesamte chinesische Geistesgeschichte. Das All-Eine ist der große Anfang, es ist der Beginn allen Zählens. Das All-Eine ist der äußerste Pol der Dinge, es ist der Weg, der keine Gegner mehr zulässt. Das *dao* gründet im All-Einen. Das All-Eine wirkt schaffend Himmel und Erde und vollendet wandelnd die Zehntausend Dinge. Erlangt der Himmel das All-Eine, wird er klar und birst nicht. Erlangt die Erde das All-Eine, wird sie ruhig und wankt nicht. Erlangt der Geist das All-Eine, wird er himmlisch wirksam und erschöpft sich nicht. Erlangt das Tal das All-Eine, wird es voll und trocknet nicht aus. Erlangen die Zehntausend Dinge das All-Eine, werden sie geboren und erlöschen nicht. Das Gebot, das All-Eine zu bewahren und selbst zum Muster für die Welt zu werden, gilt nicht nur für die Weisen.

Shitao war vielleicht nicht der erste, der von einem All-Einen Pinselstrich sprach. Das Ideal, Bilder in einem Pinselzug niederzuschreiben, war längst aufgestellt. Shitao erweitert den darin anklingenden Anspruch, und stellt als erster in schonungsloser Konsequenz aus sich selbst heraus den All-Einen Pinselstrich als Richtlinie auf: Man ist niemals in der Lage, diese Richtlinie aufzustellen – ein Selbst, das, nicht mehr man, sein Ich überwunden hat, muss es tun. Nur in der Annahme des All-Einen kann die Malerei wieder dem Herzen folgen, da sie sich nicht mehr von dem Von-selbst-so-Sein des Weltgeschehens abtrennt. Denn allein in der Hinkehr zum All-Einen vermag der Mensch in die Welt einzukehren.

Im Einstimmen auf den großen Wesenszusammenhang der Zehntausend Dinge kann er bis in die verborgensten Feinheiten der vielfältigen Erscheinungen eindringen. Das eigene Handgelenk muss sich dafür wieder für die Welt leeren. Es muss sich dafür von all den durch die festgelegten Richtlinien eingeprägten Vorurteilen und Vorspannungen wieder befreien. Es reicht nicht, im Handgelenk gelenkig zu sein.

Bilder vollenden sich auf diese Weise unmerklich – ohne dem Herzen zu widerstreben. Wenn das All-Eine die ganze Welt von Beginn an immer schon durchdringt, wie könnte es dann noch etwas geben, das es nicht gegenwärtigt? In der Leere des Handgelenks haben die Zehntausend Dinge ein Einstehen.

Shitao ist Heiler, kein Modernisierer. Er kann gelassen am Ende des ersten Absatzes an den Gestus des großen Alten erinnern: Auf meinem Weg gibt es das All-Eine, um alles zu erfassen.[1] In keinem Zeitalter, zu keinem Zeitpunkt könnte es anders sein.

[1] Hier klingt die Rede des Konfuzius aus *Lunyu* (Gespräche), 4.15, an.

2. Absatz

Die Richtlinien abschließend auflösen

Zirkel und Winkelmaß sind die allerhöchsten Maßstäbe des Eckigen und Runden. Himmel und Erde sind gleich den Umläufen von Zirkel und Winkelmaß. Die Zeitgenossen wissen, dass es Zirkel und Winkelmaß gibt, doch kennen sie nicht die Bedeutung der kreisenden Bewegungen des männlich Himmlischen und des weiblich Irdischen. Das kommt daher, dass Himmel und Erde die Menschen durch die Richtlinien gefesselt haben. Die Menschen dienen den Richtlinien bis zur Verdummung, denn obwohl sie in die Unterscheidung zwischen Richtlinien, die vor und nach dem menschlichen Wirken gegeben sind, eindringen, erreichen sie letztlich nicht das, worin deren Wirkungsverlauf gegeben ist. Deswegen werden diejenigen, welche diese Richtlinien nicht abschließend auflösen können, ganz im Gegenteil durch die Richtlinien behindert. Wenn im Altertum und in heutiger Zeit die Behinderung durch Richtlinien nicht abschließend aufgelöst wurde, dann kommt das daher, dass der Wirkungsverlauf des All-Einen Pinselstrichs nicht klar verstanden worden ist. Ist der All-Eine Pinselstrich klar verstanden, dann ist im Auge die Behinderung nicht mehr gegeben und die Pinselstriche können dem Herzen folgen. Indem die

Pinselstriche dem Herzen folgen, rückt die Behinderung bereits von selbst in die Ferne.

Wenn also nun die Malerei das ist, was Himmel, Erde und den Zehntausend Dingen Gestalt gibt, wie könnte man diesen Gestalt geben, wenn man Pinsel und Tusche zur Seite legte? Die Tusche wird vom Himmel empfangen. Dicht oder licht, trocken oder feucht folgt aus ihr. Der Pinsel wird vom Menschen beherrscht. Konturstriche, Texturstriche und Tuscheverläufe folgen aus ihm.

Was das betrifft, dass die Alten ihre Arbeit kein einziges Mal ohne Hilfe einer Richtlinie verrichtet hätten, so ist Folgendes zu bedenken: Da sie die Richtlinien nicht als gegeben betrachteten, wurden sie zu ihrer Zeit nicht von ihnen eingeschränkt. Was diesen All-Einen Pinselstrich betrifft, so gilt nicht, dass man durch das Nichtgegebensein von Beschränkungen von ihm beschränkt, und es gilt nicht, dass man durch das Gegebensein von Richtlinien von ihm beschränkt wird. Nichts an einer Richtlinie ist Behinderung. Nichts an einer Behinderung ist Richtlinie. Wenn eine Richtlinie von selbst aus dem Pinselstrich hervorgebracht wird, wird die Behinderung von selbst aus dem Pinselstrich weichen. Wenn Richtlinien und Behinderungen nichts mehr miteinander zu tun haben, dann ist die Bedeutung der kreisenden Bewegungen des männlich Himmlischen und des weiblich Irdischen erfasst. Der Weg der Malerei ist dann klar markiert, und der All-Eine Pinselstrich abschließend aufgelöst.

Kommentar

Diese Richtlinie ist keine Richtlinie –
wird schlechthin zu meiner Richtlinie.

Shitao

Es steht außer Frage, dass Zirkel und Winkelmaß perfekte Kreise und Rechtecke ermöglichen. Selbst der von den Alten als rund gedachte Himmel und die als eckig gedachte Erde können durch sie beschrieben werden. Vom Menschen geschaffen, verleiten diese Werkzeuge den Menschen, das ganze Universum zu vermessen. Doch ihr unkritischer Gebrauch führt nur in die Unmündigkeit. Verdummt durch ihren Glauben an scheinbar unfehlbare Maßstäbe, vergessen die Menschen, dass noch vor all ihren Hilfsmitteln bereits das männlich Himmlische und das weiblich Irdische ihre Kreise zogen. Schlimmer noch: Sie lassen sich von Zirkel und Winkelmaß die Sicht auf das allen Maßstäben Zugrundeliegende nehmen und werden so zu Sklaven ihrer eigenen Hilfsmittel.
Der All-Eine Pinselstrich ist die Richtlinie, welche den Menschen von seinem Irrglauben endgültig befreien soll. Sie lässt als Richtlinie keine Richtlinien neben sich mehr zu. Sie nimmt sie alle in ihrer Vorläufigkeit vorweg. Sie hebt sie alle zugleich in ihrer Endgültigkeit auf. Vor ihr sind keine Richtlinien gegeben. Nach ihr sind keine Richtlinien gegeben. Ist ihr Wirkungsverlauf einmal klar erkannt, wird ersichtlich, wie die Alten unablässig mit Hilfe von Richtlinien arbeiten konnten, ohne davon jemals eingeschränkt gewesen zu sein. Indem jede Richtlinie jeweils aus einem einzigartigen Pinselstrich erwuchs, waren deren Richtlinien schlechthin nicht als Richtlinien gegeben. Die Richtlinie des All-Einen Pinselstrichs ist

daher als Richtlinie des All-Einen nicht Richtlinie und nicht Nicht-Richtlinie. Die eine Richtlinie gebiert die Zehntausend Richtlinien und löst sie abschließend auch wieder auf.

Shitao nimmt mit diesem Absatz den Suchenden jeglichen Schlupfwinkel zum malerischen Selbstbetrug. Angesichts der Arbeit an Tusche und Pinsel gilt es, empfänglich zu sein und aktiv zuzupacken. Der All-Eine Pinselstrich tritt in Gestalt letzter Wahrheit auf. Er ist nicht zwei und nicht nicht-zwei. Er ist als Wirkungsverlauf und nicht als feste Gestalt gegeben. Er ist Aufgabe, nicht Gegenstand.

3. Absatz

Verändern und Wandeln

Das Altertum ist ein Werkzeug zur Erkenntnis. Ein Wandler zeichnet sich dadurch aus, dass er es als Werkzeug wahrnimmt, jedoch nicht zu einem von den Alten wird. Ich habe noch nicht einen Menschen gesehen, der in der Tat das Altertum als Werkzeug betrachtet, um es zu wandeln. Oft ist es zu bedauern, dass Menschen im Alten steckenbleiben und es nicht wandeln. In solchen Fällen schnüren die Erkenntnisse sie ein. Wenn die Erkenntnisse durch den Zwang zur Ähnlichkeit eingeschnürt werden, dann wird man durch sie nicht erweitert. Deswegen nutzt der Edle das Altertum, um das Heute zu eröffnen.
Wenn aber jemand wiederum sagt: „Die Höchsten Menschen haben keine Richtlinien", dann heißt das nicht, dass keine Richtlinien gegeben sind. Wenn eine Richtlinie als Nicht-Richtlinie gegeben ist, dann ist sie die höchste Richtlinie. So wie es bei allen Sachen, für die ein gewährter Leitfaden gegeben ist, zwangsläufig jeweilig abzuwägende Behelfe gibt, muss, wo Richtlinien gegeben sind, auch zwangsläufig Wandel gegeben sein. Hat man einmal den gewährten Leitfaden erkannt, dann folgt daraus die Veränderung der jeweilig abzuwägenden Behelfe. Hat man einmal die Richtlinie begriffen, dann arbeitet man daran, sich im Wandeln auszuzeichnen.

Malerei ist die große Richtlinie, die alle Veränderungen dieser Welt durchdringt. Sie birgt die feinsten Blüten der Gestalt und Stellung von Bergen und Wassern. Sie ist Töpferscheibe und Schmiedeofen der Erschaffung der Lebewesen vom Altertum bis zur Gegenwart. Sie ist das Strömen des geregelten *qi*-Flusses von *yin* und *yang*. Indem ich mir Pinsel und Tusche borge, um Himmel, Erde und die Zehntausend Dinge niederzuschreiben, tummle ich mich freudig wie ein Fisch in meinem Ich.

Die heutigen Menschen sind sich nicht darüber im Klaren. Wann immer sie sich in ihrer Befangenheit rühren, sagen sie: „Die Texturstriche und Tupfen von dem und dem Meister können als Grundlage dienen. Wenn die eigenen Werke nicht den Landschaften von dem und dem Meister ähneln, wird man nicht lange überliefert werden. Mit der reinen Gewürzlosigkeit von dem und dem Meister kann man seinen Wert weiterentwickeln. Wenn die eigene Kunst nicht der technischen Gewandtheit von dem und dem Meister ähnelt, dann kann man die Leute nur vergnügen." Dabei ist es aber doch so, dass ich von dem und dem Meister zu einem Diener gemacht werde, und es ist nicht so, dass der und der Meister von mir benutzt wird. Selbst falls es einem gelänge, dem und dem Meister zu ähneln, würde man letztlich denn doch nur die restliche Suppe von dem und dem Meister essen. Was hätte aber ich davon?!

Ein anderer sagte wiederum zu mir: „Der und der Meister erweitert mich. Der und der Meister schränkt mich ein. Wessen Schulrichtung sollte ich mich anschließen? Wessen Klassifizierung mich unterordnen? Wem sollte ich mich annähern? Nach wessen Ergebnissen sollte ich streben? Wessen Tupfen und Tuscheverläufen sollte ich nacheifern? Wessen Konturstriche und Texturstriche sollte ich mir aneignen? Wessen Gestalt und Stellung sollte ich übernehmen? Kann ich es dazu bringen, dass ich zu einem Alten werde und ein Alter zu mir wird?" In solch einem Fall ist es so, dass man zwar weiß, dass es die Alten gibt, aber nicht weiß, dass es ein Ich gibt.

Im Ich-Sein meines Ichs ist von selbst mein Ich gegenwärtig. Bart und Augenbrauen der Alten können nicht in meinem Gesicht und über meinen Augen wachsen. Die Lungen der Alten kann man nicht meinen Eingeweiden einpflanzen. Ich selbst trage die Klagen mit meinen Lungen vor und zeige meinen Bart und meine Augenbrauen. Sogar wenn es einmal einen Zeitpunkt gibt, an dem sich mit dem und dem alten Meister Berührungspunkte ergeben, dann ist es doch so, dass der und der Meister mir nahekommt, und es ist nicht so, dass ich deswegen zu dem und dem Meister werde. Auf himmlische Weise wurde es mir gegeben, auf diese Weise zu wirken. Wie könnte es sein, dass ich einen der Alten nicht wandeln würde, wenn ich ihn zu meinem Lehrer machte?

Kommentar

Ich sage nicht, dass der Alten Richtlinie im Ellbogen sitzt.
Der Alten Richtlinie liegt in ihrer Vorbildlosigkeit.
Wenn man sich mit dem Herzen auf ein Herz einlässt, sind die Zehntausend Arten aufeinander abgestimmt.
Wenn man mit dem Sinn Sinn erläutert, wird sich der Sinn als Antwort eröffnen.

Shitao

Wenn Shitao das Altertum zum Werkzeug der Erkenntnis erklärt, dann findet nur vordergründig eine entfremdende Instrumentalisierung statt. Die Erkenntnisse der Alten haben sehr wohl ihren Ort und ihre Bedeutung für die späteren Menschen, allein die sklavische Nachahmung ist zu vermeiden. In der Begegnung mit dem Altertum eröffnet der mustergültige Maler die Gegenwart.

Inwiefern macht es dann überhaupt noch Sinn, von Richtlinien zu sprechen, wenn das höchste Ziel die endgültige Loslösung von ihnen ist? Der All-Eine Pinselstrich ist keine Richtlinie, er ist als alle Richtlinien in ihrer Abhängigkeit endgültig auflösende Richtlinie die bestmögliche Richtlinie. Als Richtlinie mahnt er unnachgiebig an die Notwendigkeit des steten Wandelns.

Nur im Wandeln kann Malerei ihre Möglichkeiten ausschöpfen und der Maler die ganze Welt im Rhythmus des Weltgeschehens gestalten. Während seines Schaffens mit Pinsel und Tusche tummelt er sich wie ein fröhlicher Fisch in seinem Ich.

Doch anstatt die ganze Welt aus ihrem innersten Herzen heraus zu entdecken, haben Shitao's Zeitgenossen offen-

bar nur die Aneignung der gerade gängigen Moden und den raschen Aufstieg in der Künstlerszene im Kopf. Es genügt ihnen, die erkaltete Suppe anderer auszulöffeln.
Selbst diejenigen, die in ihrem Streben nach Vorbildern die Malerei selbst in den Mittelpunkt stellen, vergessen bei ihrer Suche nach einem von der eigentlichen Aufgabe entlastenden Halt im Altertum, dass ihnen allen ein allgegenwärtiges Ich aufgegeben ist.
Wenn das Ich gelernt hat, hinzuhören, dann kann es durchaus auch einmal das empfangen, was schon die Alten empfangen haben. Doch nur ein fahrlässiger Narr würde dann im Werk eine unterwürfige Annäherung an einen bestimmten Meister vermuten.
Vertraute man nur auf das Ich-sein des eigenen Ichs, schiene all das sture Nacheifern des Altertums unmittelbar in all seiner Possenhaftigkeit auf: Kein Bart der Welt kann angesichts des All-Einen Pinselstrichs etwas für den Maler bewirken. Keine Augenbraue wird ihm auch nur einen Funken Weisheit abtreten. Keine Lunge ihm das Atmen abnehmen. Er muss es aus sich selbst für sich selbst tun.

4. Absatz

In Hochachtung empfangen

Mit dem Empfangen und Erkennen verhält es sich so: Zuerst kommt das Empfangen, danach das Erkennen. Wenn man etwas erkennend dies erst nachträglich für empfangen hält, dann ist das kein Empfangen. Vom Altertum bis in die Gegenwart bedienten sich die klügsten Gelehrten ihrer Erkenntnisse und entwickelten das, was sie empfangen hatten, und sie nahmen das, was sie empfangen hatten, und entwickelten daraus ihre Erkenntnisse. Könnerschaft in nur einer einzigen Sache ist bloß kleines Empfangen und kleine Erkenntnis. Auf diese Weise wird man nicht in der Lage sein, den Behelfsaspekt des All-Einen Pinselstrichs zu erkennen, um ihn so in aller Weite zu seiner ganzen Größe auszubauen.

Der All-Eine Pinselstrich birgt die Zehntausend Dinge in seiner Mitte. Das Bild empfängt die Tusche, die Tusche empfängt den Pinsel, der Pinsel empfängt das Handgelenk, das Handgelenk empfängt das Herz. So wie der Himmel das Gebären vollbringt und die Erde die Vollendung erbringt – so ist die Weise, wie sie empfangen. Daher ist das Wertvollste am Menschen seine Fähigkeit zur Ehrfurcht. Gelingt es ihm, etwas zu empfangen, aber achtet er dies nicht, dann wirft er sich selbst weg. Gelingt es ihm, etwas zu malen, aber wandelt er dies nicht, dann fesselt er sich selbst.

Diejenigen, welche Malerei empfangen haben, müssen sie achten und bewahren, sie stärken und gebrauchen. Nach außen sollen sie nicht müßig sein, nach innen hin nicht rasten. Im „Buch der Wandlungen" heißt es: „Das Walten des Himmels ist beständig, daher stärkt sich der Edle ohne Rast." Dies ist die Weise, wie man in Hochachtung empfängt.

★

Kommentar

Shitao ordnet die mittelbaren Erkenntnisse dem direkt Empfangenen unter. Dennoch ist beides – Erkennen und Empfangen – für die Entwicklung des Malers unverzichtbar, will er die ganze Größe des All-Einen Pinselstrichs erfahren. Der Maler kann seinen kritischen Geist nicht beiseite lassen und nur auf ein Empfangen warten. Ebenso wenig läuft die Malerei auf das Empfangen eines bestimmten Sinneseindrucks hinaus oder endet in einer einzelnen Erkenntnis.

Allein ausnahmslose Selbstheit vermag die Zehntausend Dinge in sich zu bergen. In der Schau des eigenen Wesens wird alles Entstehen und Vergehen mit dem Nicht-Entstehen und Nicht-Vergehen wieder zu einer Einheit. Im höchsten Bewusstsein sind sie nicht mehr eins und nicht mehr verschieden. Alle Erscheinungen können aufgelöst werden. Alle Erscheinungen können hervorgebracht werden. Das Herz vermag in seiner wahren Größe die ganze Welt zu umfassen. In seinem Antworten auf die Welt der Erscheinungen erfasst es alle Einzeldinge. Alle Einzeldinge sind schlechthin das All-Eine. Das All-Eine ist schlechthin alle Einzeldinge.

Die unheimliche Schlichtheit der Richtlinie lässt dem Maler keinen Ausweg. Vom Bild zur Tusche, von der Tusche zum Pinsel, vom Pinsel zum Handgelenk, vom Handgelenk zum Herzen: Durchlässig ohne Stocken. Von selbst so.

Unfassbare Aussichten bieten sich dar – von beiden Endpunkten markiert. Wie kann man nur das Empfangene verwerfen und durch sein Ich die Selbstheit verlieren? Wie kann man nur das Empfangene hochachten und durch die Preisgabe seines alltäglichen Ichs die Selbstheit stärken? Der All-Eine Pinselstrich gibt in diesem Dilemma eine Richtung vor. Empfangen und Wandeln. In beharrlicher Hochachtung und entfesselter Freiheit.

Im Bewusstsein dessen, was auf dem Spiel steht, empfiehlt Shitao, sich im Zweifel an der Beständigkeit des himmlischen Waltens zu orientieren.

5. Absatz

Pinsel und Tusche

Unter den Alten gab es solche, die Pinselbeherrschung und Tuschebeherrschung hatten. Es gab aber auch solche, die Pinselbeherrschung hatten, aber keine Tuschebeherrschung, und auch solche, die Tuschebeherrschung hatten, aber keine Pinselbeherrschung. Das liegt nicht etwa daran, dass Berge und Wasser sich auf einen Gesichtspunkt einschränkten, sondern daran, dass die Menschen nicht einheitlich empfangen.

Die Tusche nässt den Pinsel gemäß der himmlischen Wirkungskraft, der Pinsel bewegt die Tusche gemäß der Geisteskraft. Die Tusche hat keine himmlische Wirkungskraft, wenn man nicht die Bergung der reinen Gelassenheit übt. Der Pinsel hat keine Geisteskraft, wenn man nicht die rege Lebenskraft meistert.

Wer in der Lage ist, die himmlische Wirkungskraft aus der Bergung der reinen Gelassenheit zu empfangen, nicht aber die Geisteskraft aus der regen Lebenskraft zu verstehen, der hat Tuschebeherrschung, aber keine Pinselbeherrschung. Wer in der Lage ist, die Geisteskraft aus der regen Lebenskraft zu empfangen, nicht aber die himmlische Wirkungskraft aus der Bergung der reinen Gelassenheit zu verändern, der hat Pinselbeherrschung, aber keine Tuschebeherrschung.

Was aber den kompletten Wesenszusammenhang von Bergen und Wassern und den Zehntausend Dingen betrifft, so sind darin Rückseitiges und Vorderseitiges, Einseitiges und Seitliches, Versammeltes und Zerstreutes, Nahes und Fernes, Inneres und Äußeres, Leeres und Volles, Abgebrochenes und Verbundenes, sich Auftürmendes, Abstürzendes, in voller Pracht Stehendes, sich Verflüchtigendes gegeben – dies sind die großen Anfänge der regen Lebenskraft. Deswegen bieten Berge und Wasser und die Zehntausend Dinge dem Menschen himmlische Wirkungskraft dar, weil der Mensch diese Behelfe zur Bergung der reinen Gelassenheit und der regen Lebenskraft beherrscht. Falls dem etwa nicht so wäre, wie könnte er es denn sonst bei der Arbeit mit Pinsel und Tusche bewirken, dass Leibeshülle und Knochengestell, Offenes und Geschlossenes, Gehaltenheit und Gebrauch, Gestalt und Stellung, Verbeugen und aufrechtes Stehen, Kauerndes oder Springendes, Abtauchendes oder sich Verbergendes, in den Himmel Emporschießendes, würdevoll Emporragendes, grenzenlos Weitreichendes, steil die Sonne Verdeckendes, zackig spitz Aufragendes, einzigartig Schroffes und abgeschiedene Höhen gegeben sind? All-Einigend erschöpft er ihre himmlische Wirkungskraft und bringt ihre ganze Geisteskraft zum Ausdruck.

⋆

Kommentar

> *Beim dem All-Einen Weg des Niederschreibens von Bildern muss man wissen, dass es die Bergung der reinen Gelassenheit gibt. Die reine Gelassenheit gründet darin, dass im Höchsten Altertum keine Richtlinien gegeben waren. Die Bergung gründet darin, dass das Höchste Unbehauene sich nicht zerstreute. Wenn man das Geborgene nicht zerstreut, dann erreicht man, indem keine Richtlinien mehr gegeben sind, die reine Gelassenheit. Noch bevor man die Tusche empfängt, gedenkt man zuerst seiner reinen Gelassenheit. Wenn man dann einmal den Pinsel ergriffen hat, achtet man immer wieder genau auf das Bergen. Wer eingedenk seiner reinen Gelassenheit sein Bergen genau im Auge behält, wird von selbst das Studium beginnen und das Altertum komplett durchdringen können. Er wird von selbst die Veränderungen restlos erschöpfen und ohne Richtlinien wirken können. Er wird sich dann von selbst dem Weg der Bergung der reinen Gelassenheit zukehren.*
>
> Shitao

Das Bild empfängt die Tusche. Die Tusche empfängt den Pinsel.

Berge und Wasser bieten beständig ihre himmlische Wirkungskraft dar, doch nicht jeder Mensch kann sie gleichermaßen empfangen. Einseitiges Empfangen führt zu Mängeln im Gebrauch von Pinsel und Tusche. Shitao verweist auf ein grundsätzliches Problem, dem sich auch die Alten nicht entziehen konnten. Tusche und Pinsel wirken zusammen.

Im Wesenszusammenhang von Bergen und Wassern und den Zehntausend Dingen ist der große Anfang der regen Lebenskraft gegeben. Die rege Lebenskraft erschließt dem Maler den Pinsel. Sie verleiht ihm Geisteskraft.

Wie aber die reine Gelassenheit eines Kinderherzens kultivieren? Wie von all dem Wissen ablassen und wieder unverdorbenes Kind werden? Wer es vermag, sein Herz zu reinigen, der wird in die ursprüngliche Gelassenheit zurückkehren und die ganze Welt erfassen. Die Bergung der reinen Gelassenheit erschließt dem Maler den Gebrauch der Tusche. Sie verleiht ihm himmlische Wirkungskraft.

Erst wenn der Maler auch noch die Bergung der reinen Gelassenheit und die rege Lebenskraft als Behelfe begreift, schließt sich der Kreis. Berge und Wasser werden zu reiner Gelassenheit. Reine Gelassenheit wird zu Bergen und Wassern. Der Maler kann beliebig himmlische Wirkungskraft und Geisteskraft erwirken. Er umfasst alle Einzelaspekte im All-Einen und das All-Eine in allen Einzelaspekten.

Durch das Empfangene ist der Gebrauch von Tusche und Pinsel All-Ein.

6. Absatz

Das Bewegen des Handgelenks

Jemand sagte: „Lehrsammlungen zur Malerei und Anweisungen zum Malen geben Absatz für Absatz äußerst klare Anleitungen. Der Gebrauch von Pinsel und Tusche wird an jeder Stelle bis ins feinste Detail erläutert. Seit dem Altertum gab es noch nie den Fall, dass man die Gestalt und Stellung von Bergen und Meeren in leeren Worten verkündet und sie den Gleichgesinnten zugemutet hätte. Ich denke, dass Dadizi's[2] empfangenes Wesen zu abgehoben ist, wenn er jenseits aller Zeitgenossen Richtlinien aufstellt. Erachtet er es denn nicht für lohnenswert, bei verständlichen und naheliegenden Punkten mit den Ausführungen anzusetzen?" Wie sonderbar sind doch diese Worte! Was in der Ferne empfangen wird, beweist sich in unmittelbarer Nähe. Was in der Nähe erkannt wird, leistet noch in der Ferne gute Dienste.

Der All-Eine Pinselstrich ist die verständliche und naheliegende Arbeit bei der Ausführung von Schriftzeichen und Malerei. Die Veränderung von Bildern ist das verständliche und naheliegende Regelsystem für den Gebrauch von Pinsel und Tusche. Berge und Meere sind die verständliche

[2] Dadizi, „Meister der Großen Läuterung", war einer der Künstlernamen Shitao's.

und naheliegende Grundlage für diesen einen Hügel und diesen einen Wasserlauf. Gestalt und Stellung sind die verständlichen und naheliegenden Grundzüge für Konturstriche und Texturstriche.

Falls jemand nur die Erkenntnis marginaler Kanten und Ecken besitzt, dann hat er eine Grundlage für marginale Kanten und Ecken. Wenn nun beispielsweise inmitten dieser marginalen Kanten und Ecken ein Berg gegeben ist und dieser einen Gipfel hat, dann wird dieser Mensch, sobald es ihm einmal bei diesem einen Berg gelungen ist, von Anfang bis Ende diesen malen. Sobald es ihm einmal bei diesem einen Gipfel gelungen ist, wird er von Anfang bis Ende diesen nicht verändern. Angesichts dieses einen Berges und dieses einen Gipfels: würde sich, selbst wenn eine ganze Modellserie von dieses Menschen Hand aus Ton geformt würde, jemals etwas ändern oder nicht?

Und außerdem gilt: Wenn man Gestalt und Stellung nicht verändert, dann kennt man von den Konturstrichen und Texturstrichen allein Oberflächliches gleich Haut und Federn. Wenn man die Richtlinien der Malerei nicht verändert, dann kennt man von Gestalt und Stellung alleine die starren Steifheiten. Wenn man die Bergung der reinen Gelassenheit nicht zum Abschluss bringt, kennt man von Bergen und Strömen allein ihre Aneinanderreihung. Wenn man Berge und Wälder nicht vollkommen meistert, kennt man von der Grundlage nur die weite Leere.

Begehrt man jedoch diese Vier zu wandeln, dann muss man zunächst mit der Bewegung des Handgelenks beginnen. Wenn das Handgelenk leer und himmlisch wirksam ist, dann können die Bilder Wendungen nehmen und sich verändern. Wenn der Pinsel entzwei schneidet und enthüllt, dann sind die Gestalten weder dumm noch töricht.

Wenn das Handgelenk Fülle empfängt, dann dringt man in die Tiefe ein und ist dabei bis in die Details klar. Wenn das Handgelenk Leere empfängt, dann fliegt und tanzt man unermüdlich dahin. Wenn das Handgelenk Aufrechtes empfängt, dann schreibt man zentriert und aufrecht, während man die Pinselspitze verbirgt. Wenn das Handgelenk Schiefes empfängt, dann schreibt man schräg und schief bis zur höchsten Vollkommenheit. Wenn das Handgelenk Eile empfängt, dann erlangt man im Anziehen und Loslassen eine kraftvolle Stellung. Wenn das Handgelenk Gemächlichkeit empfängt, dann verneigt man sich mit Gefühl in Achtung. Wenn das Handgelenk Wandlung empfängt, dann eint man das Von-selbst-so-Seiende im Ursprünglichen. Wenn das Handgelenk Veränderung empfängt, dann streut man unregelmäßig Außergewöhnliches. Wenn das Handgelenk Einzigartiges empfängt, dann wirkt man Werke wie von Götterhand und Geisteraxt. Wenn das Handgelenk Geisteskraft empfängt, dann bringen die geschaffenen Ströme und Gebirge himmlische Wirkungskraft dar.

⋆

Kommentar

> *Die Alten gebrauchten Sinn, daher war die Tusche rege und der Pinsel lebendig. Kreuz und Quer, Leeres und Wirkliches, leicht oder schwer wirkten sie bis in alle Ferne, und sämtlich entließen sie dies aus ihrem Handgelenk und ihren Fingern.*
>
> Shitao

Das Bild empfängt die Tusche. Die Tusche empfängt den Pinsel. Der Pinsel empfängt das Handgelenk.

Sind Shitao's Ausführungen in der Tat zu abgehoben? Hat er sich nur in vermeintlich sichere Gefilde dunkler Abstraktion zurückgezogen, weil er den Boden unter den Füßen verloren hat? Mitnichten. Als ob man die zu erwartenden Verdienste einer großen Einsicht bereits anhand des Ortes ihrer Gewinnung abschätzen könnte! Ob eine große Einsicht sich vor den eigenen Augen oder an einem weit entfernten Ort ereignet, ist bestenfalls ein Hinweis, den eigenen Standpunkt zu überdenken. Doch das ist nur der erste Irrtum des vorgetragenen Einwands.

Der zweite verweist auf ein viel grundlegenderes Missverständnis: Der All-Eine Pinselstrich, die Veränderung von Bildern, Bergen und Meeren, Gestalt und Stellung sind die verständlichsten und naheliegendsten Ansatzpunkte für eine Unterweisung in Malerei. In wessen kleinkariertem Herz allerdings nur ein einziger Berg und ein einziger Gipfel Platz finden, dem bleibt dieser Kern der Malerei für immer verborgen.

Wer mehr erreichen möchte, hat schwere Arbeit vor sich. Alle Oberflächlichkeiten, jegliche Steifheiten, flachen Aneinanderreihungen, ja selbst die reine Leere müssen

durchbrochen werden. Es gilt, das große Wandeln aufzunehmen.
Mit der Leerung des Handgelenks setzen die Veränderungen ein und die Gestalten lassen jegliche technische Ungeschicktheit hinter sich. Wenn das leere Handgelenk die Welt in all ihren Anschauungsmöglichkeiten empfängt, ist Durchlässigkeit in Welt, Maler und Bild erreicht. Geisteskraft und himmlische Wirkungskraft zirkulieren.

7. Absatz

Das Himmlisch-Irdische Urtreiben

Wenn sich Pinsel und Tusche vereinen, dann werden diese zum Himmlisch-Irdischen Urtreiben. Wenn sich das Himmlisch-Irdische Urtreiben nicht trennt, dann wird es zum untrennbaren Urgemenge. Was könnte aber das untrennbare Urgemenge aufschlagen? Trennt man es zu Bergen, dann gestaltet man sie himmlisch wirksam. Trennt man es zu Wassern, dann gestaltet man diese bewegt. Trennt man es zu Wäldern, dann gestaltet man sie voller Wachstum. Trennt man es zu Menschen, dann gestaltet man sie uneingeschränkt frei. Wem die Vereinigung von Pinsel und Tusche gelingt, wer die Teilung des Himmlisch-Irdischen Urtreibens versteht, wer zum Könner im Aufschlagen des untrennbaren Urgemenges wird, dessen Werk wird bis in alle Zeiten überliefert und er bringt seine eigene Schule hervor. Sämtlich wird dies durch Weisheit erreicht.

Es ist nicht angängig, zu schnitzen und zu meißeln. Es ist nicht angängig, altmodisch und überholt zu sein. Es ist nicht angängig, verstockt zu sein. Es ist nicht angängig, sich zu verheddern. Es ist nicht angängig, abreißen zu lassen. Es ist nicht angängig, keinen Wirkungsverlauf zu haben. Befindet man sich inmitten des Tuschemeeres, richtet man fest seine feinste Geisteskraft auf. Wenn

sich die Pinselspitze senkt, setzt man die angesammelte rege Lebenskraft frei. Auf dem Bild verwandelt man Haut und Knochengestell. Inmitten des untrennbaren Urgemenges lässt man strahlendes Licht frei.
Selbst angenommen, dass der Pinsel nicht als Pinsel wirkt, die Tusche nicht als Tusche, und der Pinselhieb nicht als Pinselhieb, ist doch von selbst mein Ich gegenwärtig gegeben. Denn durch mich wird diese Tusche bewegt. Es ist nicht so, dass die Tusche sich bewegt. Durch mich wird der Pinsel beherrscht. Es ist nicht so, dass der Pinsel sich beherrscht. Durch mich wird die gewöhnliche Leibeshülle abgestoßen. Es ist nicht so, dass die gewöhnliche Leibeshülle sich abstößt.
Vom All-Einen aus trenne ich die Zehntausend ab, von den Zehntausend aus kontrolliere ich das All-Eine. Ich wandle das All-Eine und vollbringe das Himmlisch-Irdische Urtreiben, so dass alle nur erdenklichen Ereignisse der Welt darin vollständig enthalten sind.

★

Kommentar

Der Himmel leer, die Wolken fort, Wellen und Wogen brechen ab.
Gelassen sitze ich vor der Frühlingsflut
und schaue mit einem Lächeln auf.
Ich angle nicht nach Weißfischen, ich angle nach zartem Grün.

Der Haken mit dem männlich Himmlischen und dem weiblich Irdischen hängt in den Anfängen der Höchsten Leere.

Shitao

Wenn Pinsel und Tusche aufeinandertreffen, vereinen sie sich zum Himmlisch-Irdischen Urtreiben, das im Zustand des untrennbaren Urgemenges nur darauf harrt, vom All-Einen Pinselstrich geteilt zu werden. Berge, Wasser, Wälder, Menschen – alles gelingt einem auf diese Weise höchst lebendig. Wer diesen Schaffensprozess meistert, wird mit ewigem Ruhm belohnt.

Vom Standpunkt des Pinsels und der Tusche aus betrachtet bedeutet das, dass man im Tuschemeer seine Konzentration aufbaut, um dann im Akt des Niederschreibens mit dem Pinsel all die angesammelte Lebenskraft freizusetzen. Auf diese Weise wandelt man, lässt Lichtes inmitten des untrennbaren Urgemenges walten.

Aus all dem Empfangenen entwickelt sich beim Malen höchste Aktivität. Letztlich gilt es, die ganze Welt aus dem untrennbaren Urgemenge frei zu schlagen. Der Maler zerschlägt es wie das Ur-Ei, Himmel und Erde trennen sich, und die Welt geht auf.

Dabei kann die Tusche durchaus aufhören, Tusche zu sein, und der Pinsel muss auch nicht mehr Pinsel sein, da das Ich von selbst inmitten des Treibens gegenwärtig ist und Pinsel und Tusche lenkt. Dem Ich gelingt die Loslösung von der gewöhnlichen Leibeshülle. Das Ich erreicht durch Weisheit und Beherrschung die nächste Bewusstseinsstufe.

8. Absatz
Berge und Ströme

Begreift man den Wirkungsverlauf des männlich Himmlischen und des weiblich Irdischen, erlangt man den unverfälschten Kern der Berge und Ströme. Begreift man die Richtlinien von Pinsel und Tusche, erlangt man den äußeren Putz der Berge und Ströme. Erkennt man den äußeren Putz, leugnet aber den Wirkungsverlauf, dann ist der Wirkungsverlauf in Gefahr. Erkennt man den Wirkungsverlauf, leugnet aber die Richtlinien, dann sind die Richtlinien zur Unscheinbarkeit geschmälert. Aus diesem Grund erkannten die Alten die drohende Unscheinbarkeit und Gefährdung und griffen zwangsläufig nach dem All-Einen.

Wenn das All-Eine auch nur in einem Gesichtspunkt unklar ist, werden die Zehntausend Dinge zum Hindernis. Wenn das All-Eine jedoch in jeder Hinsicht klar ist, kommen die Zehntausend Dinge zur Ruhe. Der Wirkungsverlauf der Malerei und die Richtlinien des Pinsels sind letztlich nur unverfälschter Kern und äußerer Putz von Himmel und Erde.

Berge und Wasser sind Gestalt und Stellung von Himmel und Erde. Wind und Regen, Düsterkeit und Helligkeit sind die Bilder des *qi* der Berge und Wasser. Zerstreut und dicht, tief und fern, das sind die bündigen Leitfäden der Berge und Wasser. Vertikal und horizontal, verborgen und ausgeführt, das ist der Rhythmus der Berge und Wasser. Weiches *yin* und hartes *yang*, Dichtes und Dünnes, das ist die Verfestigung der Geisteskraft der Berge und Wasser. Wasser und Schnee, Sammlung und Zerstreuung, das sind die Verbindungen von Bergen und Wassern. Kauern und Springen, sich Zuwenden und sich Abwenden, das ist der Wechsel von Wirken und Ruhen der Berge und Wasser.

Höhe und Helle, das sind Behelfsaspekte des Himmels. Weite und Tiefe, das sind Behelfsaspekte der Erde. Wind und Wolken – damit umwickelt der Himmel Berge und Ströme. Wasser und Steine – mit ihnen häuft die Erde Berge an und staut Ströme auf. Wer darin nicht Behelfe von Himmel und Erde erkennt, kann nicht die Unauslotbarkeit von Bergen und Wassern verändern und wandeln. Trotz des Umwickelns des Windes und der Wolken kann man eben nicht die Berge und Ströme aller Neun Weltgegenden nur einem einzigen Modell entsprechen lassen. Trotz des Aufstauens des Wassers und des Anhäufens der Steine kann man eben nicht die Gestalt und Stellung von Bergen und Wassern mit nur einer einzigen Pinselspitze unterscheiden.

Bedenkt man darüber hinaus die Größe der Berge und Wasser – weites Gelände, das sich über tausend Meilen erstreckt, Wolkenverbände, die sich über zehntausend Meilen erheben, Gipfel an

Gipfel, Kamm an Kamm gereiht – wollte man dies mit einem einzigen Bambusröhrchen überschauen, dann wäre zu befürchten, dass selbst ein fliegender Unsterblicher nicht all dies umkreisen könnte. Lotet man dies hingegen mit dem All-Einen Pinselstrich aus, so kann man an dem wandelnden Schaffen von Himmel und Erde teilhaben. Beim Ausloten der Gestalt und Stellung von Bergen und Strömen, beim Abmessen der Ausdehnung von Gegenden, beim Untersuchen der Streuung von Gipfeln und Kämmen, beim Wahrnehmen der Dichte von Wolkendunst, – ob man sich frontal vor einer Aussicht von tausend Meilen niedersetzt, oder schräg zehntausendfache Auftürmungen betrachtet – in allen Fällen kehrt man sich Behelfen von Himmel und Erde zu.
Der Himmel verfügt über diese Behelfe, er vermag die feinste himmlische Wirkungskraft von Bergen und Strömen zu wandeln. Die Erde verfügt über diese Behelfe, sie vermag den Puls des *qi's* der Berge und Ströme am Schlagen zu halten. Ich habe diesen All-Einen Pinselstrich, ich vermag die Gestalt und Geisteskraft von Bergen und Strömen durchgehend zu erfassen.
Dieses Ich hatte vor fünfzig Jahren noch nicht seine gewöhnliche Leibeshülle durch die Berge und Ströme abgestoßen. Dennoch hielt ich diese Berge und Ströme nicht für unnützen Trester und Trub, sondern ließ die Berge und Ströme ganz nach ihrem Gutdünken walten. Die Berge

und Wasser ließen mich anstelle von Bergen und Wassern sprechen. Berge und Wasser stießen so ihre gewöhnliche Leibeshülle durch mich ab, und ich stieß meine gewöhnliche Leibeshülle durch die Berge und Wasser ab. Ich suchte sämtliche einzigartigen Gipfel auf und machte Skizzen. Berge und Wasser trafen sich mit meinem Ich im Geiste, und in den Spuren der Begegnungen fand die Verwandlung statt. Auf diese Weise ließ ich sie sich letztlich mir, der Großen Läuterung, zukehren.

★

Kommentar

> *Der Gelbe Berg ist mein Lehrer. Ich bin des Gelben Berges Freund. Wenn sich unsere Herzen inmitten der Zehntausend Arten austauschen, ist keiner seiner Gipfel nicht gegeben.*
>
> Shitao

Indem der Wirkungsverlauf der Malerei und die Richtlinien des Pinsels als unverfälschter Kern und äußerer Putz von Himmel und Erde in den Blick kommen, fallen Berge und Wasser in ihrer Geschiedenheit mit Himmel und Erde zusammen. Berge und Wasser, Himmel und Erde lassen sich in diesem Bewusstsein als zwei Aspekte des männlich Himmlischen und weiblich Irdischen erfassen. Die bereits zuvor angedeutete Bedeutung ihrer unermüdlichen kreisenden Bewegungen beginnt erneut aufzuscheinen.

Hoch. Hell. Weit. Tief. Shitao verzichtet an dieser Stelle darauf, darüber hinaus auch noch einmal an die uner-

messliche Beharrlichkeit, mit der Himmel und Erde die Dinge dieser Welt hervorbringen, zu erinnern.
Wenn er die Erscheinungen aus ihrem Wirkungsverlauf heraus anspricht, offenbaren die Mannigfaltigkeiten der Gestalt und Stellung der Berge und Wasser ihren Behelfscharakter. In ihnen wirken das Himmlische und das Irdische, sie sind aber für sich nur bedingt geeignete Ansatzpunkte, um die Unauslotbarkeit ihres Wesens zu schauen.
Die Fülle der Erscheinungen der Welt verstopft den Blick des Malers. Solange dieses Hindernis nicht restlos aufgelöst ist, kann der All-Eine Pinselstrich nicht zum Einsatz kommen.
Ohne das All-Eine ist man allerdings machtlos. Ohne es kann man nicht am wandelnden Schaffen von Himmel und Erde teilhaben. Der Maler droht, von Zehntausend Hindernissen umzingelt zu enden – solange er die ihm dargebotenen Hilfsmittel verkennt.
Shitao legt angesichts der Berge und Ströme Zeugnis ab. Er spricht freimütig von seiner eigenen jugendlichen Ohnmacht angesichts der übermächtigen Welt. Auch ihm erschloss sich nicht auf Anhieb die befreiende Wandlung in Bergen und Wassern. Er stellte sich ihnen dennoch mit achtsamer Gelassenheit und ließ sich von ihnen berühren. Er stimmte in ihr Von-selbst-so-Sein ein, durfte sogar für sie sprechen. Mit seinem Erwachen wurde er nicht mehr nur von Bergen und Wassern bewegt, auch er konnte nun mit seiner Pinselspitze Berge und Wasser bewegen.
Dem Maler, der sich den Bergen und Wassern zukehrt, kehren sich die Berge und Wasser zu.
Nichts wird von dieser Bewegung nicht erfasst.

9. Absatz

Die Richtlinien der Texturstriche

In Texturstrichen eröffnet der Pinsel ein lebendiges Antlitz. Die Berge gewähren in ihrem Gestaltfinden Zehntausend Ansichten, so dass man ihnen nicht nur mit einem einzigen Ansatz ein Antlitz eröffnen könnte. Die Zeitgenossen kennen wohl ihre Texturstriche, sie verfehlen allerdings deren lebendiges Antlitz. Selbst angenommen, sie bringen ihre Texturstriche an, was wäre damit für die Berge gewonnen?

Seien es nun Steine oder Erdschichtungen, schreibt man sie lediglich wie Steine und Erdschichtungen nieder, dann sind dies die auf bestimmte Kanten und Ecken verringerten Texturstriche, es sind nicht die Texturstriche, über welche Berge und Ströme von selbst vollständig verfügen. Nimmt man die Texturstriche, über welche Berge und Ströme von selbst vollständig verfügen, dann ist jeder einzelne Gipfelname verschieden, ihr Leib wäre einzigartig und das Antlitz lebendig, und alle Ansichten wären voneinander verschieden. Aus diesem Grund bilden sich die Richtlinien für Texturstriche von selbst verschieden aus. Es gibt die Texturstriche der sich kringelnden Wolken, die Texturstriche der spaltenden Axt, die Texturstriche des aufgespreizten Hanfes, die Texturstriche des aufgelösten Seiles, die Texturstriche der

Geisterfratzen, die Texturstriche der Skelette, die Texturstriche des ungeordneten Feuerholzes, die Texturstriche des Sesams, die Texturstriche des Goldes und der Jade, die Texturstriche der Jadesplitter, die Texturstriche der Murmellöcher, die Texturstriche der Alaunsteine, die Texturstriche des Knochengestelllosen – sämtlich sind sie Texturstriche. Weil der Leib des Gipfels sonderbar und das Antlitz des Gipfels lebendig ist, müssen Gipfel und Texturstriche zusammenpassen und die Texturstriche von selbst durch den Gipfel hervorgebracht werden. Der Gipfel kann nicht die Gehaltenheit und den Gebrauch der Texturstriche wandeln, die Texturstriche können allerdings sich darauf stützend Gestalt und Stellung des Gipfels vollbringen. Falls man nicht den Gipfel erfasst, auf welcher Grundlage sollte man da etwas wandeln? Falls man nicht die Texturstriche erfasst, auf welcher Grundlage sollte man da etwas in Erscheinung treten lassen? Ob Gipfel gewandelt werden oder nicht hängt davon ab, ob die Texturstriche sie in Erscheinung treten lassen können oder nicht.

Die Texturstriche haben diese Namen, die Gipfel jene Formen: Gipfel der Himmelssäule, der Gipfel des strahlenden Sterns, der Gipfel der Lotosblüte, der Gipfel des Unsterblichen, der Gipfel der Fünf Alten, die Gipfel der Sieben Weisen, der Gipfel der Wolkenterrasse, der Gipfel des Himmelspferdes, der Gipfel des Löwen, der Gipfel der Augenbrauen, der Gipfel der Edelsteine, der

Gipfel des goldenen Rades, der Gipfel des Räuchergefäßes, der Gipfel der kleinen Blüte, der Gipfel des weißen Seidenstreifens und der Gipfel der heimkehrenden Wildgänse. Diese Gipfel sollten in ihrer Gestalt ruhen und die Texturstriche ihr Antlitz eröffnen.

Jedoch zu dem Zeitpunkt, da man die Tusche in Bewegung versetzt und den Pinsel führt, wie könnte man sich da noch auf die irrige Ansicht stützen, dass Gipfel und Texturstriche gegeben wären? Sobald der All-Eine Pinselstrich auf das Papier niederfällt, folgen ihm alle Pinselzüge. Sobald einmal der Wirkungsverlauf des All-Einen komplett durchdrungen ist, kehren sich alle Wirkungsverläufe ihm zu. Untersucht man das Kommen und Gehen des All-Einen Pinselstrichs, erreicht man das Allumfassende aller Wirkungsverläufe. Wenn Gestalt und Stellung von Bergen und Strömen festgehalten werden können, dann sind die Richtlinien der Texturstriche in Altertum und Gegenwart nicht mehr verschieden.

Gestalt und Stellung von Bergen und Strömen liegen in den Bildern. Die Bergung der reinen Gelassenheit der Bilder liegt in der Tusche. Die rege Lebenskraft der Tusche liegt in der Beherrschung. Die Anwendung der Beherrschung liegt im Griff. Wenn man es versteht, die Bewegungen zu beherrschen, ist innen der Kern und außen Leere. Da man den Wirkungsverlauf des All-Einen Pinselstrichs empfangen hat und nun auf Zehntausend Arten darauf antwortet, deswegen gibt es nicht einmal den Hauch von Widernatürlichem oder Fehlerhaftem. Bei wem im Inneren Leere herrscht und außen der Kern sitzt, bei dem ist – weil er bei der Wandlung der Richtlinien weder Gedanken noch Nachforschungen bemüht hat – die äußere Gestalt zwar bereits vollständig vorhanden, das Innere wird aber davon nicht getragen.

Aus diesem Grund hielten die Alten bei Leere und Fülle Maß. Sie beherrschten Innen und Außen nicht getrennt voneinander. Die Richtlinien der Malerei wurden so im Wandel vervollständigt, ohne Makel und ohne Fehler. Sie erreichten die himmlische Wirkungskraft aus der Bergung der reinen Gelassenheit und die Geisteskraft aus der Verwendung in Bewegung. Was sie gerade schufen, war gerade, was schief, war schief, und was seitlich, war seitlich. Wenn man sich jedoch in Unwissenheit der Wand zukehrt, der weltliche Staub einem die Sicht nimmt und Dinge zum Hindernis werden, wie sollte da nicht der Zorn auf den Schaffer der Dinge aufkommen?

⋆

Kommentar

Als die Menschen früher Bilder schufen, sparten sie mit der Tusche. Ich bin der Ansicht, dass man ganz im Gegenteil an dem Ort, wo sie mit Tusche sparten, Tusche verschwenden sollte. Wie sollte man sonst den Wirkungsverlauf der Malerei er-

kennen? Nähert man sich beispielsweise den mächtigen Bergen und hohen Bergketten und abgründigen Tälern und steilen Klippen in meinen Bildern, dann ist das qi der Tusche triefend nass, es scheint eine Stellung erreicht, in der die Wolken in der Höhe die Sonne untergehen lassen. Falls man nur mit leichten und lichten Tuscheblüten arbeitete, wäre, selbst wenn man immer wieder sein ganzes Herz dabei einbringen würde, zu befürchten, dass man nicht leicht das ursprüngliche Antlitz erreicht.

Shitao

Was bedeutet es ein lebendiges Antlitz zu eröffnen? Den ewigen Kreislauf nicht zu unterbrechen.

Die irreduzible Qualität des einzigartigen Gipfels verlangt nach einer angemessenen Überführung in eine ebenso einzigartige Textur. Was ist denn selbst mit ein paar Dutzend modellhaften Texturstrichen schon angesichts der Zehntausend Gipfel dieser Welt gewonnen? Was haben Berge überhaupt von der exklusiven Pflege eines bestimmten Texturstriches?

Shitao stellt den Irrtum seiner Zeitgenossen unmissverständlich bloß. Es genügt bei weitem nicht, vor einem Stein einen Stein zu malen. Die dabei eingesetzten Texturstriche haben bestenfalls marginal etwas mit dem Empfangenen zu tun. Der Maler hat sich vielmehr den Texturen zu öffnen, die der jeweilige Stein von selbst in diesem Augenblick gegenwärtigt.

In gewisser Weise verraten schon die klingenden Namen der aufgezählten Texturstriche, dass sie die Verbindung zu den mit nicht minder sprechenden Namen versehenen Gipfeln bereits verloren haben. Es kommt dem Maler nicht zu, einem einzigartigen Gipfel, der in seiner Form ruht, den Weg in sein Bild nur aufgrund seines eigenen beschränkten Texturschatzes zu verwehren.

Zehntausend Gipfel, Zehntausend Gestaltformen?

Nachdem Shitao geduldig die großen Namen der Texturstriche und Gipfel vorgeführt hat, rückt er mit einem einzigen Hieb blitzartig allen Systematikern den Kopf zurecht. Im Augenblick des Malens sollte besser keiner mehr an dem Irrglauben festhalten, dass so etwas wie Gipfel oder Texturstriche gegeben wären. Wenn das All-Eine einmal anhebt, sind Gipfel und Texturstriche überführt.

Den geschickten Verwalter einer bestimmten Texturrichtlinie wird dies nicht von seinem Tun abhalten. Doch sollte es stutzig machen, wenn gewisse Bilder seltsam hohl wirken.

Wenn Bilder nicht mehr bloß die Augen verführen dürfen, sondern dem Geist standhalten müssen, ist dem Blender für immer sein Ort genommen.

Die Alten hatten das verstanden. Wenn sie malten, malten sie.

Wer also ist der Schaffer der Dinge? Wem zürnen?

10. Absatz

Grenzlande

Die Einteilung der Lande in drei Schichten oder zwei Abschnitte scheint ein Fehler der Berge- und Wasser-Malerei zu sein. Jedoch gibt es auch Fälle, in denen dies kein Fehler ist, wenn sich beispielweise die Lande von selbst so teilen, wie es im folgenden Vers der Fall ist: *Wenn man an den Yangzi kommt, wo Wu endet / Und am anderen Ufer sich die Berge von Yue in großer Zahl erheben.*[3] Jedes einzelne Mal, wenn man Berge und Wasser niederschreibt, und dabei alles nach den starren Mustern teilt und spaltet, dann ist kein Hauch von reger Lebenskraft mehr gegeben. Zeigt sich das, dann weiß man sofort, was passiert ist.

Teilt man die Lande in drei Schichten ein, so ist die erste Ebene die Erde, die zweite Ebene sind die Bäume, die dritte Ebene sind die Berge. Betrachtet man sie, wie könnte man da noch zwischen Nah und Fern unterscheiden? Schreibt man diese drei Schichten nieder, worin würden sie sich von Siegelschnitzereien unterscheiden? Bei zwei Abschnitten befindet sich die Szenerie unten und der Berg oben. Die ganz Gewöhnlichen setzen Wolken in die Mitte und schaffen so unmissverständlich zwei getrennte Abschnitte.

[3] Dieses Verspaar entstammt des Mönchs Chumo (9. Jhd.) Gedicht *Shengguosi* (Der Shengguo-Tempel).

Gestaltet man diese drei, dann muss man sie zunächst aus dem All-Einen *qi* heraus durchgängig erfassen. Es ist dabei nicht zulässig, in den alten Einteilungen der Lande stecken zu bleiben. Gerade wenn es sich um drei Schichten oder zwei Abschnitte handelt, muss man sie ganz besonders mit bahnbrechender Hand ins Werk setzen. Denn erst wenn man die Kraft des Pinsels sieht, dringt man in Tausend Gipfel und Zehntausend Wasserläufe ein, und sämtlich sind die Spuren des Gewöhnlichen nicht mehr vorhanden. Gestaltet man diese drei und dringt bis zur Geisteskraft vor, dann könnten in kleineren Details sogar Fehler vorhanden sein und man würde dennoch nicht davon behindert.

⋆

Kommentar

Der alte Baum ergraut,
Die Wolken im Wasser bewegen sich nicht.
Erst wer davor steht, wird erkennen,
dass es nicht Tusche noch Trugbild ist.

Shitao

Shitao hält sich nur kurz bei der klassischen Zwei- und Dreiteilung des Bildes auf. Die Grenzen dürfen sich natürlich von selbst einmal so anbieten, allerdings sind diese starren Einteilungsgewohnheiten weit davon entfernt ein Allheilmittel zu sein. Zu oft hat Shitao wohl schon davon gezeichnete Bilder verenden sehen.

Wenn es gilt, Erde, Bäume und Berge auf diese Weise zu verteilen, ist daher höchste Vorsicht geboten. Man muss für diese Landschaft innerhalb ihrer Konventionalität alle bestehenden Normen brechen, nur so kann sie von Lebenskraft durchzogen werden. Fern von allem Staub des Alltags muss der Maler alle seine Kraft aufbieten. Einmal auf seinem Weg, werden ihn aber keine Nebensächlichkeiten mehr davon abhalten, tief in die Welt vorzudringen.

11. Absatz

Gehwege

Beim Niederschreiben von Bildern gibt es als Vorgehensweise sechs Richtmaße: Sich der Szenerie und nicht dem Berg zuwenden, sich dem Berg und nicht der Szenerie zuwenden, umstürzende Szenerien, geborgte Szenerien, Abgeschnittenes und abgeschiedene Höhen. Diese sechs Richtmaße müssen durch Unterscheidung klar herausgestellt werden.

Wendet man sich der Szenerie und nicht dem Berg zu, so ist das alte Antlitz des Berges gleich dem Winter und die Szenerie gleich dem Frühling. Dies ist das sich der Szenerie und nicht dem Berg Zuwenden.

Sind die Bäume und das Gehölz alt und unbehauen gleich dem Winter, der Berg aber gleich dem Frühling, dann ist dies das sich dem Berg und nicht der Szenerie Zuwenden.

Falls die Bäume und das Gehölz aufrecht stehen und der Berg und das Gestein umstürzen, oder der Berg und das Gestein aufrecht stehen, die Bäume und das Gehölz aber umstürzen, sind dies sämtlich Fälle von umstürzenden Szenerien.

Falls der leere Berg fern im Dunkel verborgen ist und kein Ding ein Lebenszeichen von sich gibt, so borgt man sich vereinzelte Weiden und zarten

Bambus, Brücken und Strohhütten. Dies sind geborgte Landschaften.

Abgeschnittenes – das sind Szenerien frei vom Staub der Welt und ohne Gewöhnliches. Berge und Wasser, Haine und Bäume, Kopf und Ende abgeschnitten. An welchem Ort der Pinsel auch verweilt, es ist stets nur, um abzuschneiden. Was aber die Richtlinie des Abschneidens betrifft, so kann niemand in sie eindringen, der nicht einen höchst gelassenen Pinsel zu führen versteht.

Abgeschiedene Höhen – an sie reichen die Spuren der Menschen nicht hin und es gibt keinen Weg, der Zutritt gewährte. Sie sind wie die im Meer gelegenen Berge im Golf von Bohai, Penglai oder Fanghu.[4] Wer kein Unsterblicher ist, kann in keinem Fall dort verweilen. Sie sind nichts, was gewöhnliche Menschen ermessen könnten. Dies sind die abgeschiedenen Höhen der Berge und Meere. Wenn man mit gemalten Bildern abgeschiedene Höhen gegenwärtigt, dann können sich diese letztlich nur auf hängenden Klippen schroffer Gipfel oder in der Abgeschiedenheit der Steilwände säumenden Plankenwege und senkrecht aufragenden Felszacken befinden. Es gilt, die Kraft des Pinsels aufzuzeigen, dann sind sie wunderbar.

★

[4] Penglai und Fanghu sind mythische Inseln der Unsterblichen, die sich im Golf von Bohai, einem Randmeer des Gelben Meeres im Nordosten Chinas, befinden sollen.

Kommentar

> *Das von Buddha verkündete Herz ist die Lehrtradition. Das nicht gegebene Tor ist das Tor des Dharma. Wenn aber gilt, dass kein Tor gegeben ist, was ist dann zu tun, um einzudringen? Wie kann man nur nicht den Weg erblicken! Durch Tore einzudringen, entspricht nicht der jedem gegebenen Buddha-Natur. Wer sich auf anderes stützt, um es zu erreichen, wird von Anfang bis Ende nur mit Entstehen und Vergehen beschäftigt sein.*
>
> Der Pass ohne Tor

Shitao führt den Suchenden an den Rand des Abgrunds. Den ersten drei Richtmaßen für Landschaften haftet der abgestandene Geschmack erstarrter Gegensätzlichkeiten an. Zunächst wird der jahreszeitliche Gegensatz zwischen Berg und Szenerie vorgeführt: Da lassen sich Bäume (und Gehölz) und Berge (und Gestein) beim Umstürzen im wahrsten Sinne mustergültig abwechselnd den Vortritt. Beim vierten Richtmaß scheint die Landschaft nur noch durch geborgte Versatzgegenstände am Leben gehalten zu sein.

Unvermittelt am Abgrund angelangt, eröffnet sich als fünftes Richtmaß ein Anblick jenseits aller Erwartungen: Das reine Abschneiden bildet die Welt. Ein Werk als Grenzgang. Höchste Balance und äußerste Gelassenheit wird dem Maler für diese Gratwanderung abverlangt. Abschneiden ist kein Terrain für Einfaltspinsel.

Der Abgrund klafft auf, die Spuren enden im sechsten und letzten Richtmaß: im Nichts. Abgeschiedene Höhen sind von Gewöhnlichen schlechthin nicht zu orten. Diese Enklaven der unsterblichen Genien sind zugangslos. Ohne Tor.

12. Absatz

Haine und Bäume

Wenn die Alten Bäume niederschrieben, waren es drei, fünf, neun oder zehn. Sie ließen sie mit dem Rücken oder mit der Front nach vorne schauen, im Dunkel des *yin* oder der Helle des *yang*. Jeder von ihnen erhielt seinen eigenen Gesichtsausdruck. Hoch und niedrig ganz durcheinander, lebendig waren sie und wohl aufeinander abgestimmt.

Meine Richtlinie für das Niederschreiben von Pinien, Zedern, bejahrten Akazien und Machandeln ist im Falle von dreien oder fünfen so, dass ihre Stellung Helden gleicht, die sich zum Tanz erheben, auf- oder abblickend, kauernd oder aufrecht stehend, sich wirbelnd ihren Gefühlen freien Lauf lassend. Mal hart, mal weich, lasse ich Pinsel und Handgelenk kreisen. In den meisten Fällen gebrauche ich die Richtlinien für das Niederschreiben von Steinen, um die Bäume niederzuschreiben.

Ob nun mit fünf Fingern, vier Fingern oder drei Fingern – sämtlich folgen sie den Kreisen des Handgelenks, zusammen mit Ausstrecken und Einziehen des Ellbogens vereinen sie sich gleichzeitig zu einer einzigen Kraft. An den Orten, an denen man den Pinsel äußerst heftig kreisen lässt, muss man ihn fliegend über dem Papier halten, und das wilde *qi* heraustreiben. Daher sind manche dicht, manche licht. Aus der Leere gelingt himmlisches Wirkvermögen, im Freiraum Wunderbares. Auch bei großen Bergen verwende ich diese Richtlinie, die übrigen sind nicht zu gebrauchen. Nahezulegen, in all der lebendigen Perfektion nach Merkmalen von brüchig Unvollkommenem zu streben, damit hätte ich aber nun etwas Selbsterklärendes ausgeplaudert.[5]

★

Kommentar

> *Inmitten der vorübertreibenden Wolken erscheinen die Spuren eines hohen Gelehrten. Ein verwitterter Baum, das Herz eines Daoisten.*
>
> Shitao

Erratisch stellt Shitao eine Handvoll Helden seiner Bilder vor. Starke Krieger, die entfesselt zum wilden Tanz ansetzen. Als Durchlässigkeit allein treten sie ins Bild. Als Bäume sprechen sie die meisten der Betrachter an.
Shitao raunt auch etwas von den Alten, von fünf, vier, gar nur drei Fingern, von Bäumen, drei, fünf, neun – oder doch zehn? – an der Zahl. Noch ein kleiner Schlenker mit dem Pinsel und schon hat er den Anhängern einen neuen Floh ins Ohr gesetzt: Die Anweisung zum Malen der Steine erscheint ein wahres Wundermittel zu sein.

[5] Dieser letzte Satz könnte ebenso bedeuten: Jedoch inmitten von roher Schärfe nach äußerlichen Attributen von Zerschlagenem zu streben, das wäre dann doch ein nicht auszusprechendes Gerede.

Bäume, Berge – wie von selbst. Bitte nicht vergessen, zum Schluss noch einen Schuss Unvollendetheit unter die Routine mischen. Aber das versteht sich ja von selbst. Wozu die Plauderei? Wozu schon wieder von einer bestimmten Methode sprechen, wo gerade erst mühsam das All-Eine in den Blick gekommen ist?

13. Absatz

Meereswogen

Das Meer rollt in gewaltigen Wogen dahin, Berge tauchen ab und verbergen sich. Das Meer verschluckt und spuckt aus. Berge verbeugen sich und grüßen respektvoll. Das Meer vermag himmlische Wirkungskraft darzubringen. Berge vermögen entlang der Leitbahnen zu pulsieren.

Wenn es unter den Bergen dazu kommt, dass sich Felsnadeln und Felskämme anhäufen, es ferne Täler und tiefe Schluchten gibt, zackige Felsspitzen plötzlich aufragen, Dunst und Nebel vorhanden sind und schwere Wolken schließlich aufziehen, dann ist das doch, wie wenn das Meer in mächtigen Wogen dahinrollt oder das Meer schluckt und ausspuckt. In diesem Fall gilt aber nicht, dass das Meer himmlische Wirkungskraft darbringt, sondern, dass der Berg von selbst im Meer weilt.

Das Meer vermag auch von selbst in den Bergen zu weilen. Was die grenzenlose Weite des Meeres betrifft, seine abgründige Tiefe, sein aufspritzendes Lachen, seine Trugbilder und seine springenden Walfische und seine sich aufbäumenden Drachen – wenn seine Morgenflut Berggipfeln gleicht und seine Abendflut Bergketten ähnelt, dann gilt in diesem Fall, dass das Meer von selbst in den

Bergen weilt. Es ist nicht so, dass der Berg von selbst im Meer weilt.

Berge und Meer verweilen von selbst auf diese Weise, und dennoch ist dem Menschen ein Auge gegeben, dies wahrzunehmen. Das gilt auch für Yingzhou und Langyuan, Ruoshui und Penglai, Xuanpu und Fanghu:[6] Selbst wenn sie wie Go-Steine über die ganze Welt verteilt oder wie Sterne am Himmel zerstreut wären, so könnte der Mensch sie dennoch anhand der Wasserquellen und der Drachenadern der Berge erschließen und erkennen.

Wenn es jemand beim Meer gelingt, er jedoch bei den Bergen versagt, oder wenn es ihm bei den Bergen gelingt, er jedoch beim Meer versagt, dann hat dieser Mensch sie nur als Trugbilder empfangen. Mein Empfangen sagt, dass die Berge schlechthin das Meer sind und das Meer schlechthin die Berge ist. Wenn nun Berge und Meere erkennen, dass ich sie empfangen habe, so liegt das sämtlich an der beeindruckenden Klasse des Wirkens des einen Pinsels und der einen Tusche eines Menschen.

⋆

[6] Yingzhou ist, ebenso wie die bereits erwähnten mythischen Inselberge Penglai und Fanghu, im Golf von Bohai gelegen. Langyuan und Xuanpu sind ebenfalls legendäre Sitze der Unsterblichen auf dem Gipfel des mythischen Kunlun-Gebirges im Westen Chinas. Ruoshui („Weiches Wasser") wird mit diversen Flüssen identifiziert – angeblich soll sein Wasser zu weich sein, um Boote zu tragen.

Kommentar

Der Ochse schläft, ich schlafe nicht
Ich schlafe, der Ochse schläft nicht
Am heutigen Tage frag ich mich selbst
Wie nur auf eines Ochsen Rücken schlafen
Der Ochse weiß nicht, dass ich schlafe
Ich weiß nicht, dass der Ochse müde ist
Beide sind wir gar ohne absichtsvolles Herz
Wir schlafen nicht, wir träumen nicht

Shitao

Träumen Berge? Träumt das Meer?
Träumen Berge, Meer zu sein? Träumt das Meer, Berge zu sein?
Wenn das Meer aufwacht, wird es dann wieder Meer sein, – oder nur Berge, die träumen Meer zu sein? Würden die Berge ihm eine Antwort geben können?
Wenn die Berge zum Meer werden, liegt das nicht am Meer, sie selbst nehmen es auf sich.
Wenn das Meer zu Bergen wird, liegt das nicht an den Bergen, es selbst nimmt sie auf sich.
Shitao sagt, dem Menschen ist ein Auge gegeben, das zu erkennen. Selbst die Orte der Unsterblichen soll er damit erahnen können. Mit diesem Vermögen schafft er ahnungsvolle Bilder, keine Trugbilder. Fehlt diese Schau, hat er nichts empfangen, sondern ist einer Illusion verfallen. Verdammt dazu, Blendwerk zu treiben, wird er – in blinder Treue zu dem Empfangenen – bestenfalls Wahnbilder schaffen.
Wenn Shitao offenbart, was sein Ich empfangen hat, wird es brisant: Berge sind schlechthin Meer. Meer ist schlechthin Berge. Wer träumt das?
Keine Berge, kein Meer. Kein Stein (*shi*), keine Wogen (*tao*).

14. Absatz

Vier Jahreszeiten

In allen Fällen, in denen man die Szenerien der vier Jahreszeiten niederschreibt, ist der Eigengeschmack des Ausdrucks unterschiedlich zu halten, und Dunkles und Helles ist jedes für sich verschieden zu gegenwärtigen. Durch Untersuchung des Zeitpunkts und der Bemessung der Jahreszeit erreicht man das.

Die Alten vertrauten die Szenerien Gedichten an – so heißt es zum Frühling: *Jedesmal sprießt Du gemeinsam mit den Gräsern im Ufersand / Auf lange Zeit bist Du mit den Wolken im Wasser verbunden.*[7] Zum Sommer heißt es: *Auf dem Flecken Erde unter den Bäumen ist es immer schattig / An des Wassers Ufern ist der Wind am kühlsten.*[8] Zum Herbst heißt es: *Von der Stadtmauer in der Kälte blicke ich auf eine einzige Fläche hinaus / Ein flaches Meer aus Bäumen, das seine Farbe lässt.*[9] Zum Winter heißt es: *Der Weg ist unermesslich weit, durch meinen Pinsel*

[7] Dieses Verspaar entstammt Huangfu Ran's 皇甫冉 (714–767) Gedicht *Fu de hai bian shu* („Schilderung eines Baumes am Meeresufer").

[8] Dieses Verspaar entstammt Ge Tianmin's 葛天民 (Song) Gedicht *Xia* 夏 („Sommer").

[9] Dieses Verspaar entstammt Xie Tiao's 謝朓 (464–499) Gedicht *Jun nei deng wang* 郡内登望 („In der Distrikthauptstadt erklimme ich die Stadtmauer und blicke in die Ferne").

gehe ich voraus / Der Teich ist kalt, meine Tusche lässt ihn noch runder erscheinen.[10]

Es gibt auch Winter, die nicht der Jahreszeit entsprechen. Dazu heißt es: *Der Schnee ist verhindert, der Himmel bleibt die Kälte schuldig / Neujahr rückt näher, während die Tage wieder länger werden.*[11] Obwohl das Gedicht dem Winter zugehört, scheint es darin keine Andeutung von Kälte zu geben. Es gibt auch ein Gedicht, das lautet: *Am Ende des Jahres wird es leicht hell / Schnee mitbringend, klart ein Regentag auf.*[12] Wollte man anhand der zwei Gedichte Pinselzüge besprechen, dann würde man den „Mangel an Kälte", das „Längerwerden der Tage", das „leichte Hellwerden" und „das Mitbringen des Schnees" nicht nur im Falle des Winters nachahmen. Überträgt man diese Vorkommnisse auf die drei anderen Jahreszeiten, so würden sie jedesmal den Besonderheiten der jeweiligen Jahreszeit folgen.

Es gibt auch Zeitpunkte, zu denen der Himmel halb aufgeklart, halb bedeckt ist, wie zum Beispiel: *Hinter Wolkenblättern bleibt der helle Mond dunkel / die versinkende Sonne klart den Himmel am*

[10] Quelle unbekannt.

[11] Dieses Verspaar entstammt Ge Tianmin's 葛天民 (Song) Gedicht *Hu ti wan bu* 湖隄晚步 („Ein später Spaziergang am Seedeich").

[12] Dieses Verspaar entstammt Song Zixun's 宋自遜 (Song) Gedicht *Yi shi* 一室 („Ein Zimmer").

Regenrand auf.[13] Es gibt auch Zeitpunkte, zu denen es scheint, als ob der Himmel sich zum Teil aufgeklart hätte und zum Teil doch bedeckt sei: *Noch muss ich nicht dem Sonnenuntergang zürnen / Ist doch am Horizont ein zarter Wolkenstreifen.*[14]
Ich wähle die Herzensabsicht eines Gedichtes und mache daraus die Herzensabsicht eines Bildes. Noch nie gab es den Fall, dass eine Szenerie nicht den Jahreszeiten gefolgt wäre. Die Wolken und Berge, die unsere Augen zu füllen vermögen, wandeln sich gemäß den Jahreszeiten. Wenn ich es von diesem Standpunkt aus vortrage, dann kann man erkennen, dass Bilder schlechthin die in Gedichten gegebene Herzensabsicht sind – wie sollten also Gedichte dann nicht das in Bildern gegebene Zen sein?

⋆

Kommentar

Ich malte, bis kein Geräusch mehr gegeben war. Wie könnte ich es noch wagen, einen Vers einzuschreiben?

Shitao

[13] Dieses Verspaar entstammt Cheng Bo's 唐庚 (1071–1121) Gedicht *Huizhou za shi* 惠州雜詩 („Vermischte Gedichte aus Huizhou").

[14] Dieses Verspaar entstammt Cheng Hao's 程顥 (1032–1085) Gedicht *Xi yin* 禊飲 („Beim Trinken am Xi-Fest").

Gedichte leiten Bilder an, Bilder gehen in Gedichten auf. Dichtung ist der Ausdruck von Absichten. Wer Gedichte vernimmt, empfängt die Botschaft des Urhebers. Szenerien und Gefühle sind nur äußere und innere Manifestation einer gegenwärtigen Situation. Der Mensch wird in seinem Herzen davon erfasst und gestaltet das Empfangene in Worten. Die Worte – einmal in der Welt – sind der Welt eingeschrieben, so wie die Welt sich dem Gedicht – noch im Herzen des Dichters – eingeschrieben hat. Wärme und Kälte, Blüte und Verfall sind also in Bezug auf die eigene Lebenslage und den Zustand des Staates zu deuten. Ist die Welt in Harmonie? Ist der Herrscher weise?

Dichtung preist, Dichtung klagt an. Lichte Zeiten, dunkle Zeiten. Unheilverheißende Vorzeichen, glücksbringende Konstellationen. Nichts in Gedichten oder Bildern ist Zufall. Nichts kann mehr Zufall sein. Woher sollte er stammen? Damit ist Vorsicht geboten. Wortmalerei ist allmächtig.

Wenn sich in Bildern Gedichte finden und in Gedichten Bilder zeigen, unterstreicht das ihre Welthaftigkeit. Sie können sich darin einander nicht entziehen. Bilder und Dichtung sind einem Wirkungsverlauf unterworfen. Sie teilen sich einen Wesenszusammenhang. Es ist daher nur konsequent, dass man beide niederschreibt und auch beide liest.

Shitao betont, dass alles dem Kreislauf der vier Jahreszeiten folgen muss. Nichts hat für immer Bestand. Nicht Fröhlichkeit. Nicht Zorn. Nicht Trauer. Nicht Freude. Nicht Liebe. Nicht Hass. Nicht Begier.

15. Absatz

Sich fern vom Staub halten

Wird der Mensch durch die Dinge verdunkelt, dann verkehrt er nur mit der Welt des Staubes. Wird der Mensch von den Dingen in Dienst genommen, dann wird sein Herz nur durch Mühen belastet. Wird das Herz durch das Einkerben von Bildern bemüht, dann zerrüttet es sich selbst. Wird es durch Pinsel und Tusche verdunkelt und verstaubt, dann fesselt es sich selbst. Diese Lage beengt den Menschen, sie lässt ihn nur Schaden nehmen und bringt ihm keinen Nutzen. Letztlich macht sie sein Herz nicht froh.

In meinem Fall folgen die Dinge den Dingen und verdunkeln sich, folgen Staubkörner den Staubkörnern und verkehren miteinander, so dass mein Herz sich nicht abmüht. Erst wenn das Herz sich nicht abmüht, kann es Bilder geben. Malen ist den Menschen wohl gegeben, aber der All-Eine Pinselstrich noch nicht.

Das Wertvollste bei der Malerei ist das Denken. Denkt man dabei an das All-Eine, dann gibt es für das Herz etwas aufzuzeigen und es erfreut sich an dem, wodurch es malt, so dass das Vordringen in die feinsten Feinheiten unauslotbar sein wird. Ich denke, dass die Alten diese Dinge niemals zur Sprache bringen mussten. Ich habe sie daher hier in aller Gründlichkeit geäußert.

Kommentar

Sobald der Pinsel sich einmal senkt und der Sinn einmal ausgedrückt wird, vollendet man von selbst die himmlische Gelassenheit. An jedem einzelnen Ort erfasst man die Lage. An jedem einzelnen Ort durchdringt man alles hellwach. An jedem einzelnen Ort stößt man den Staub der Welt ab und erreicht rege Lebenskraft. Von selbst stößt man den einschränkenden Griff von Himmel und Erde ab und kehrt sich dem Von-selbst-so-Sein zu.

Shitao

Shitao sieht sich angesichts der schleichenden Verblendung der Menschen erneut zum Sprechen genötigt. Wenn Malerei zur Mühe gerät, hat man sich zum Diener der Welt des Staubes gemacht. Anstatt die Dinge Ding sein zu lassen und nicht von den Dingen zum Ding gemacht zu werden, droht – im Angesicht der Gegenstände – der Fall in den Kreislauf der Abhängigkeiten.

Das Herz des Höchsten Menschen ist leer. Es folgt nicht den Dingen, handelt ihnen aber auch nicht zuwider. So kann der Höchste Mensch in der Welt von den Dingen nicht mehr verletzt werden. Er läuft durch alles fest Gegebene einfach hindurch, geht unbekümmert selbst durch Feuer und Wasser.

Nur flink zu Pinsel und Tusche zu greifen, vermag das Schicksal der Speicherwiesel nicht abzukehren. Die Fallen sind bereits gestellt. Eingedenk des All-Einen gilt es, sich der Aufgabe zu stellen, Wahrer des Speichers selbst zu sein.

Der Kummer und der Schaden des Menschen sind für immer mit der Welt des Staubes verbunden. Die Freude, welche die Malerei birgt, gehört nicht mehr der Unterscheidung Freude – Kummer an. Jenseits der Gefühle steht sie für sich Allein.

16. Absatz
Das Gewöhnliche abstoßen

Die Dummen und die Gewöhnlichen teilen sich das gleiche Bewusstsein. Wenn der Dumme nicht verdunkelt wäre, dann wäre er ein Weiser. Wenn ein Gewöhnlicher nicht befleckt wäre, dann fände er zur Klarheit. Gewöhnlichkeit gründet auf dummen Eingebungen. Dummheit gründet auf Verdunkelung.

Daher sind die Höchsten Menschen unfähig, die Dinge nicht zu erreichen. Sie sind unfähig, sie nicht zu erhellen. Erreichen sie sie, dann verändern sie diese. Erhellen sie sie, dann wandeln sie diese. Empfangen sie Sachen, dann sind diese ohne Gestalt gegeben. Ordnen sie Gestalten an, dann sind diese ohne Spuren gegeben. Sie versetzen die Tusche in Bewegung, als ob das Bild bereits vollendet wäre, sie beherrschen den Pinsel, als ob sie sich im Nicht-Handeln übten. Auf der kleinen Fläche einer Bildrolle erfassen sie Himmel und Erde, Berge und Ströme und die Zehntausend Dinge, ihr Herz ist aber leicht als ob all das gar nicht vorhanden wäre.

Wird die Dummheit entfernt, kommt Weisheit auf. Wird das Gewöhnliche abgetan, stellt sich Klarheit ein.

*

Kommentar

Was sind die Zwölf? Das Erste ist: die ursprüngliche Unwissenheit. Das Zweite ist: aus Unwissenheit werden Taten und Handlungen. Das Dritte ist: aus Taten und Handlungen werden Bewusstseinsinhalte. Das Vierte ist: aus Bewusstseinsinhalten werden Begriffe und Erscheinungen. Das Fünfte ist: aus Begriffen und Erscheinungen werden die sechs verheerenden Sinneswahrnehmungen. Das Sechste ist: aus den sechs verheerenden Sinneswahrnehmungen wird die Berührung. Das Siebte ist: aus der Berührung werden die schmerzhaften Empfindungen. Das Achte ist: aus schmerzhaften Empfindungen wird das Verlangen. Das Neunte ist: aus dem Verlangen wird das Ergreifen. Das Zehnte ist: aus dem Ergreifen wird das Erlangen. Das Elfte ist: Aus dem Erlangen wird das Geborenwerden. Das Zwölfte ist: Aus dem Geborenwerden werden Krankheit und Tod. Dies sind die zwölf Glieder des Entstehens in Abhängigkeit.

Leitfaden der mündlichen Auslegung der zwölf Glieder des Entstehens in Abhängigkeit des Agama

Der Höchste Mensch gebraucht sein Herz wie einen Spiegel. Er antwortet auf die Welt, ohne etwas zu verbergen. Wie sollte er die Dinge nicht erreichen, wie nicht erhellen? Sein Herz ist leicht und dennoch gibt es nichts, das ihm nicht folgt, nichts, das er nicht auf der kleinen Fläche einer Bildrolle herbeirufen kann.
Um bereit zu sein für das Empfangen in Klarheit gilt es, die Dummheit zu überwinden. Der Mensch muss wieder sehen lernen. So wird er auch das Gewöhnliche erkennen und ein anderes Bewusstsein erreichen. Sobald er das Gewöhnliche wie eine vorläufige Körperhülle abstreift, kann die Arbeit des Malers beginnen.

17. Absatz

Und Schriftzeichen zugleich

Die Tusche vermag die Gestalt von Bergen und Strömen herauszubilden, der Pinsel vermag die Stellung von Bergen und Strömen hervorzuholen. Niemals wäre es angängig, sie auf nur einen Hügel und einen Wasserlauf zu beschränken. Keiner der Großen des Altertums und der Gegenwart hat dies nicht bis ins Detail begriffen. Man muss die Tusche meeresgleich umarmen und tragen lassen, und den Pinsel bergesgleich leiten und ordnen lassen. Dann wird man ihren Gebrauch erweitern. Daher gilt selbst für das, was jenseits der äußersten Punkte der Acht Himmelsrichtungen liegt, die Mannigfaltigkeit der Neun Erdgegenden, die erhabene Größe der Fünf heiligen Berge, und die Weite der Vier Weltmeere: Lässt man ihnen freien Lauf, dann gibt es nichts mehr außerhalb von ihnen, lässt man sie sich zurücknehmen, dann gibt es nichts mehr innerhalb von ihnen.

Ein Zeitalter hängt nicht an bestimmten Richtlinien, der Himmel nicht an bestimmten Fähigkeiten. Daher zeigt sich der Gebrauch von Pinsel und Tusche auch nicht nur in Bildern, sondern auch in Schriftzeichen. Schriftzeichen und Bilder setzen zwar als Werkzeuge an zwei verschiedenen Ausgangspunkten an, als Fertigkeiten gehören sie aber einem einzigen Wesenszusammenhang an.

Der All-Eine Pinselstrich ist die vor Schriftzeichen und Bildern gegebene ursprüngliche Wurzel. Schriftzeichen und Bilder sind die nach dem menschlichen Wirken gewährten Leitlinien und die jeweilig abzuwägenden Behelfe. Wer zwar die gewährten Leitlinien und die jeweilig abzuwägenden Behelfe zu erkennen vermag, jedoch den Ursprung des All-Einen Pinselstrichs vergisst, der geht von den Kindern und Enkeln aus, vergisst jedoch ihre Vorahnen. Wer zwar die Großen des Altertums und der Gegenwart zu erkennen vermag, ohne sie durcheinander zu bringen, jedoch vergisst, dass deren Verdienste nicht im Menschen begründet sind, der geht ebenfalls nur von hundert Persönlichkeiten aus und verfehlt dabei, dass der Himmel sie ihnen gegeben hat. Der Himmel vermag dem Menschen Richtlinien zu geben. Er vermag nicht, dem Menschen Fertigkeiten zu geben. Der Himmel vermag dem Menschen Bilder zu geben, er vermag nicht, dem Menschen das Wandeln zu geben.

Manche Menschen geben die Richtlinien auf, um sich mit Fertigkeiten zu rühmen, manche Menschen geben die Malerei auf, um sich bloßen Abwandlungen zu verschreiben. In diesen Fällen ist der Himmel nicht im Menschen gegenwärtig. Selbst wenn es Schriftzeichen und Bilder von so einem Menschen geben sollte, so werden sie ihm dennoch nicht überliefert werden. Was die Gabe des Himmels an den Menschen betrifft, so gibt er gemäß dessen, was jeweils gegeben werden kann. Auch hier gibt es große Gaben gemäß großer Erkenntnis und kleine Gaben gemäß kleiner Erkenntnis.

Deswegen gilt für Schriftzeichen und Bilder in Altertum und Gegenwart: sie entspringen dem Himmel und werden vom Menschen vervollständigt. Obwohl der Himmel gibt, unterscheidet sich der Mensch nach großem Wissen und kleinem Wissen, und selbst wenn für jeden gilt, dass in keinem Fall die Richtlinien für Zeichen und Bilder nicht in ihm vorhanden sind, wird man dennoch solche finden, welche diese nur in einer bestimmen Hinsicht, und solche, welche sie in der ganzen Breite erlangen. Deswegen führe ich an dieser Stelle eine Abhandlung, die zugleich Schriftzeichen einbezieht, an.

⋆

Kommentar

Zeichen und Bilder sind kein unbedeutender Weg, auch wenn es den Zeitgenossen letztlich nur um äußerliche Ähnlichkeiten geht. Zückt man den Pinsel, öffnet sich das untrennbare Urgemenge, bricht man allerdings in das Ungeschickte ein, verendet alles Intelligente.

Shitao

Tusche und Pinsel. Meer und Berge. Erde und Himmel. Grenzenloser Gebrauch verlangt restlose Selbsterkenntnis.

Shitao greift in der Beschreibung des eröffnenden Gebrauchs von Tusche und Pinsel keineswegs fahrlässig die alten Sophismen – „das Allergrößte hat kein Außen mehr", „das Allerkleinste hat kein Innen mehr" – auf. Er gemahnt an ihre eigentlichen Namen: das „Groß-Eine" und das „Klein-Eine". Groß und Klein mögen im Ohr verschieden klingen, doch sämtlich kehren auch sie sich dem Nicht-Zwei zu.

Bilder und Schriftzeichen fallen in ihrer Geschiedenheit als zwei distinkte Werkzeuge in ihrem Wirkungsverlauf als Fähigkeit zusammen. Bilder und Schriftzeichen gehören der Welt des zu Wandelnden an. Im Zusammenhang von gewährten Leitlinien und jeweilig abzuwägenden Behelfen werden sie gegenwärtig.

Der Himmel entpflichtet nicht den Menschen. Der Himmel hat dem Menschen Richtlinien, aber keine Fertigkeiten, Malerei, aber nicht das Wandeln gegeben. Die Gabe des Himmels endet schlechthin nicht in fertigen Verbindlichkeiten.

Wer sich auf einen Aspekt beschränkt, gibt bereits einen Teil seiner selbst auf. Beschränktheit und Einseitigkeit entbinden aber keinen Maler. Die Gabe des Himmels ist unveräußerliche Aufgabe. Es gilt, bei den Höchsten Menschen anzukommen, wahre Menschlichkeit zu erreichen – jeder in seinem Zeitmaß.

18. Absatz
Die Aufgabe vollbringen

Die Alten vertrauten ihre Sinnbilder Pinsel und Tusche an, sie borgten sich den Weg von den Bergen und Strömen. Ohne zu wandeln, stimmten sie in das Wandeln ein. Ohne zu handeln, haben sie gehandelt. Ohne dass sie sich selbst ins Licht rückten, entstand ihr Ruf, da sie die Fertigkeit zur Bergung der reinen Gelassenheit und Beherrschung der regen Lebenskraft besaßen und diese in das Universum hinaustrugen, nachdem sie den unverfälschten Kern der Berge und Ströme empfangen hatten.

Betrachtet man es vom Standpunkt der Bewegung der Tusche, dann empfingen sie die Aufgabe der Bergung der reinen Gelassenheit. Betrachtet man es vom Standpunkt der Beherrschung des Pinsels, dann empfingen sie die Aufgabe der regen Lebenskraft. Betrachtet man es vom Standpunkt der Berge und Ströme, dann empfingen sie die Aufgabe der Leibeshülle und des Knochengestells. Betrachtet man es vom Standpunkt der Texturstriche, dann empfingen sie die Aufgabe der Veränderung der Bilder. Betrachtet man es vom Standpunkt des großen blauen Meeres, dann empfingen sie die Aufgabe des Himmels und der Erde. Betrachtet man es vom Standpunkt einer Wasserpfütze in der Halle aus, dann empfingen sie die Aufgabe des flüchtigen Augenblicks. Betrachtet man es vom Standpunkt des Nicht-Handelns, dann empfingen sie die Aufgabe des Handelns. Betrachtet man es vom Standpunkt des All-Einen Pinselstrichs, dann empfingen sie die Aufgabe der Zehntausend Pinselstriche. Betrachtet man es vom Standpunkt des leeren Handgelenks, dann empfingen sie die Aufgabe der restlosen Offenbarung der eigenen Fähigkeiten.

Wenn diese Aufgaben gegeben sind, muss man sich zuerst darauf stützen, um das von den Aufgaben als Aufgabe Auferlegte zu vollbringen und erst danach kann man sie mit dem Pinsel verbreiten. Wenn man sich nicht darauf stützt, um es zu vollbringen, dann ist man gekennzeichnet von enger Beschränkung und grober Oberflächlichkeit und es kommt dazu, dass man sich nicht das zur Aufgabe macht, weswegen einem die Aufgaben gegeben wurden.

Überdies sind die den Bergen vom Himmel gegebenen Aufgaben unerschöpflich: Die Berge erlangen Gehaltenheit – durch aufrechte Standhaftigkeit. Die Berge bringen himmlische Wirkungskraft dar – durch Geisteskraft. Die Berge verändern sich zu immer neuen Erscheinungen – durch das Wandeln. Die Berge sind in der Lage zur Bergung der reinen Gelassenheit – durch Menschlichkeit. Die Berge entfalten sich vertikal und horizontal – durch Bewegung. Die Berge tauchen ab und verbergen sich – durch Ruhe. Die Berge verneigen sich in Achtung – durch

Riten. Die Berge sind geduldig und gütig – durch Harmonie. Die Berge versammeln sich im Kreise – durch Bedachtsamkeit. Die Berge sind leer und himmlisch wirksam – durch Weisheit. Die Berge erscheinen in reiner Pracht – durch Gesittetheit. Die Berge kauern und springen – durch Kriegergeist. Die Berge ragen streng auf – durch Abgeschiedenheit. Die Berge nähern sich der Milchstraße an – durch Erhabenheit. Die Berge sind ursprünglich unbearbeitet – durch Größe. Die Berge sind flach und nahe – durch Kleinheit. Dies sind die Aufgaben, welche die Berge vom Himmel als solche empfangen haben und die sie sich zur Aufgabe machen. Es ist nicht so, dass die Berge Aufgaben vom Himmel empfangen, um diese dann dem Himmel zur Aufgabe zu machen. Der Mensch vermag Aufgaben vom Himmel zu empfangen und diese sich zur Aufgabe zu machen. Es ist nicht so, dass die Aufgaben von den Bergen dann dem Menschen zur Aufgabe werden.

Denkt man es von diesem Standpunkt aus weiter, dann sind dies die Aufgaben, welche den Bergen selbst aufgegeben wurden und die sie sich dann zur Aufgabe machen. Man kann nicht die Aufgaben der Berge abändern und sie einem anderen zur Aufgabe machen. Daher ist der Tugendhafte auch unabänderlich in seiner Tugendkraft und erfreut sich am Berg.

Wenn die Berge diese Aufgaben haben, wie könnten dann die Wasser keine Aufgaben haben?

Es ist nicht so, dass die Wasser in ihrem Nicht-Handeln keine Aufgaben hätten. Die Wasser treten in unermesslichen Wasserflächen und weiten Auen auf – durch Tugendkraft. Sie folgen untertänig den Riten – durch Rechtschaffenheit. Im steten Wechsel zwischen Morgenflut und Abendflut rasten sie nicht – durch den Weg. Sie unterbrechen ihren Lauf, stauen sich auf und schnellen empor – durch Tapferkeit. Ihre Strudel einen sie beruhigend – durch Regelhaftigkeit. Sie dringen in immer fernere Weiten vor – durch Aufklärung. Sie bieten ihre durchnässende Tiefe und frische Reinheit dar – durch das Gute. Sie fließen in Schleifen dahin, stets gen Osten, – durch die Willenskraft. Die Wasser zeigen so ihre Aufgaben im großen Wogen der gewaltigen Ozeane auf. Falls sie nicht immer schon auf diese Weise ihre Aufgabe erfüllen würden, wie könnten sie dann überhaupt die Berge und Ströme der ganzen Welt umfassen und die Lebensadern dieser Welt durchdringen?
Wenn der Mensch bei all dem, was er bei Bergen als Aufgabe ausmacht, bei den Wassern nichts als Aufgabe ausmacht, dann wäre das so, als ob man im weiten Meer ertränke und nicht sein Ufer kennen würde, oder gar als ob das Ufer nicht wüsste, dass es ein weites Meer gäbe. Aus diesem Grund kennt der Weise seine Ufergestade, und, wenn er auf einem Strom dahintreibt, dann lauscht er den Quellen und erfreut sich am Wasser.

Wenn es nicht die Aufgabe der Berge wäre, dann würden sie nicht in der Lage sein, die Weite der Welt aufzeigen zu können. Wenn es nicht die Aufgabe des Wassers wäre, dann würde es nicht in der Lage sein, die Größe der Welt aufzuzeigen. Wenn die Berge nicht dem Wasser die Aufgabe übergeben hätten, dann könnte es sich nicht so gut beim Umfließen zeigen. Wenn das Wasser nicht den Bergen die Aufgabe übergeben hätte, dann könnten sie sich nicht so gut beim Einschließen zeigen. Wenn die Aufgaben der Berge und der Wasser nicht klar zu Tage treten, dann war die Grundlage für Umfließen und Einschließen nicht gegeben. Wenn das Umfließen und Einschließen nicht zu Tage tritt, dann war das Mittel für die Bergung der reinen Gelassenheit und die rege Lebenskraft nicht gegeben. Ist jedoch für die Bergung der reinen Gelassenheit und die rege Lebenskraft ein Anhaltspunkt gegeben, dann ist auch für das Umfließen und Einschließen eine Grundlage gegeben. Ist für das Aufzeigen des Umfließens und Einschließens eine Grundlage gegeben, dann haben die Aufgaben von Bergen und Wassern einen sicheren Ort für sich gefunden.

Meine Aufgabe sind Berge und Wasser. Da die Aufgabe nicht in der Weite liegt, nehme ich mir deren Beherrschbarkeit zur Aufgabe. Da die Aufgabe nicht in der Vielzahl liegt, nehme ich mir deren Wandelbarkeit zur Aufgabe. Wäre nicht die Wandelbarkeit, dann könnte ich mir nicht die

Vielzahl zur Aufgabe machen. Wäre nicht die Beherrschbarkeit, dann könnte ich mir nicht die Weite zur Aufgabe machen. Da die Aufgabe nicht im Pinsel liegt, nehme ich mir dessen Tauglichkeit zur Übermittlung zur Aufgabe. Da die Aufgabe nicht in der Tusche liegt, nehme ich mir deren Empfänglichkeit zur Aufgabe. Da die Aufgabe nicht in den Bergen liegt, nehme ich mir deren Beruhigbarkeit zur Aufgabe. Da die Aufgabe nicht im Wasser liegt, nehme ich mir dessen Bewegbarkeit zur Aufgabe. Da die Aufgabe nicht im Altertum liegt, nehme ich mir dessen Maßhalten zur Aufgabe. Die Aufgabe liegt nicht in der Gegenwart, daher nehme ich mir deren Uneingeschränktheit zur Aufgabe. Auf diese Weise kommen Altertum und Gegenwart nicht durcheinander und Pinsel und Tusche haben dauerhaft Bestand, weil letztlich diese Aufgaben schlechtweg ganz durchdrungen wurden.

So ist also diese Aufgabe in der Tat der Wirkungsverlauf von Bergung der reinen Gelassenheit und reger Lebenskraft. Man übernimmt keine Aufgaben von den Bergen. Man übernimmt keine Aufgaben vom Wasser. Man übernimmt keine Aufgaben von Pinsel oder Tusche. Man übernimmt keine Aufgaben von Altertum oder Gegenwart. Dies ist die Aufgabe und es ist hiermit alles gegeben, um sie – darauf gestützt – zu vollbringen.

⋆

Kommentar

Dies ist mein Leib aus einem früheren Leben.

Shitao, Bildaufschrift

Empfangen, Wandeln, Entgrenzen.
Mit der gehaltenen Größe von Bergriesen, allein für sich, nichts zurückhaltend, und einer unverschämten Durchlässigkeit, die selbst Wasser und Wolken erröten lassen würde, erinnert Shitao ein letztes Mal an die Alten. Der Maßstab erscheint hoch – was auch Shitao in all seiner großherzigen Güte nicht ändern kann. Die sich andeutende Ferne des Mondes sollte nicht dem weisenden Finger angelastet werden.
Der Mensch empfängt die Aufgabe der Malerei, zum aktiven und vorbehaltlosen Einsatz seiner selbst im Angesicht von Bergen und Wasser. Dieser Aufgabe kann sich als Aufgabe nur der Mensch anbieten. Dieser Aufgabe kann sich als Aufgabe nur der Mensch stellen.
Berge arbeiten an aufrechter Standhaftigkeit, Geisteskraft, Menschlichkeit, Bewegung, Ruhe, Riten, Harmonie, Weisheit, Gesittetheit, Kriegergeist, Abgeschiedenheit, Erhabenheit, Größe und Kleinheit – für sich. Wasser arbeiten an Tugendkraft, Rechtschaffenheit, dem Weg, Tapferkeit, Regelhaftigkeit, an Aufklärung, dem Guten und der Willenskraft – für sich.
Shitao hält dem Maler gezielt diese Fluchtlinien seiner Bemühungen vor. Die Besitz ergreifende Hand rutscht jedes Mal vor der Illusion an sich selbst ab – ein Spiegel würde dies unmissverständlich klar machen.
Berge und Wasser, der Mensch, das Bild. In jedem Zeitalter, immer schon jetzt. Allein.

Shitao und Konfuzius treffen sich in diesem letzten Absatz noch einmal inmitten von Bergen und Wassern: Wer als Wesen die Aufgaben der Tugendhaftigkeit empfangen hat, erfreut sich in der Ruhe an seinem berghaften Wirken. Wer als Wesen die Aufgaben des Wissenden empfangen hat, erfreut sich in der Bewegung an seinem wasserhaften Wirken. Sie sind jeweils von selbst so. Deswegen ist der Tugendhafte selbst beim Anblick der Berge unabänderlich in seiner Tugendkraft und erfreut sich lediglich an den Bergen. Deswegen gedenkt der Weise im Angesicht des ewigen Fließens der Wasser seiner Quellen – und des allgegenwärtigen Ufers.

In dieser Begegnung erkennt man sich im Zeichen der eigenen Aufgabe. Die Selbständigkeit gerät in dieser Schau zu keinem Zeitpunkt in Gefahr. Die Freude, Gleichgesinnte getroffen zu haben, macht den Grund allen Strebens nicht vergessen.

Der Maler birgt Berge und Wasser in ihrer Bezogenheit, Berge und Wasser lassen den Menschen in seiner Gehaltenheit zu Tage treten. Von selbst ist der Wesenszusammenhang gegeben. Das männlich Himmlische und das weiblich Irdische ziehen ihre Kreise. Die Aufgaben müssen wachsam gestellt werden. In Hochachtung ist zu empfangen. Im Wandeln ist die Selbständigkeit zu erweisen.

Der Wirkungsverlauf der Bergung der reinen Gelassenheit und der regen Lebenskraft sind dem Menschen gewogene Behelfe. Der Maler hat damit alles in der Hand. Es steht nichts weniger als alles auf dem Spiel.

Zwanzig ausgewählte Bilder

mit Erläuterungen

Abb. 1 **Shitao** (und nicht identifizierter Porträtist?)

Meister Shi beaufsichtigt das Pflanzen von Kiefern, *datiert 1674, Handrolle (Detail), Tusche und Farben auf Papier, 40,2 x 170,4 cm, National Palace Museum, Taipei.*

Szenische Porträts in landschaftlicher Umgebung stellen die Persönlichkeiten gern an wichtigen Stationen ihres Lebens vor. Bei solchen Bildnissen im Naturambiente arbeiteten nicht selten zwei Künstler zusammen: ein Figurenmaler oder Porträtspezialist und ein Landschaftsmaler, wobei dieser in der Regel als Hauptverantwortlicher an erster Stelle genannt wird. Eine solche künstlerische Zusammenarbeit ist auch hier nicht auszuschließen. Zwar hat Shitao seine Meisterschaft als Figurenmaler mehrfach unter Beweis gestellt, doch scheint die feine, präzise Lineatur in Gesicht und Gewand von Meister Shi die Hand eines technisch versierten Porträtisten zu verraten, während die von dramatischen Helldunkel-Kontrasten erfüllte Landschaftskulisse mit ihren bizarren Felsformationen und knorrigen Kiefern, den dichten, spitzen Nadelbüscheln und dem feinblättrigen Bambus charakteristische Merkmale des Landschaftsmalers Shitao aufweist. Das Bildnis stellt uns den jugendlich wirkenden, hochbegabten Künstler im Alter von 33 Jahren vor Augen. Sein hageres Gesicht erhält durch den wachen Blick, den feinen Schnauzer und das spitze

Kinnbärtchen einen Zug aristokratischer Extravaganz. Das kurzgeschorene dunkle Haupthaar weist auf seinen klerikalen Status hin; als Mönch hat er die Tonsur empfangen. Shitao trägt eine schlichte weiße Mönchsrobe, die sich in parallelen Falten sensibel den Rundungen seines schlanken Körpers anschmiegt. Zwanglos auf einem Felsen unter einer Kiefer sitzend beaufsichtigt er das Pflanzen junger Kiefern. In seiner Linken hält er mit pretiöser Geste den langen Bambusschaft einer Feldhacke. Er scheint einem Novizen und einem kecken, aufrecht auf seinen Hinterbeinen laufenden Affen, die emsig gestikulierend herbeieilen, keine Beachtung zu schenken.

Es existieren vier Versionen dieses Porträts, je zwei in Handrollen und zwei auf Albumblättern. Es ist das einzige bekannte Selbstbildnis des Shitao und eines seiner frühsten Werke überhaupt. Die Handrolle hat insgesamt sieben Aufschriften, eine stammt von der Hand des Porträtierten:

> Die Spitzen der Zwillingspagoden sind in den kalten Strom gestürzt;
> Nur noch Ruinen des alten [von] Huangbo [Xiyun, gest. um 850, gegründeten]-Klosters.
> Feuer legte tausend Gebäude in Schutt und Asche;
> Rauchende Trostlosigkeit, nur vier ummauerte Dachfirste.
> Mit Einbruch der Nacht bin ich wieder in ruhige Meditation versunken.

儼幢無冷淵黃檗古遺
蹤火劫千間廈煙荒四壁
峯夜來曾入定歲久或
鬧鐘且自偕凡隱棲棲學
維松

甲寅冬月消瀣石齋自題於昭
亭之積幢下

甲戌年長夏
石以和尚應鏡山西天道院之請刱
退樓江出種松圖見示展卷研讀
恍然尊我身外之身生我想外之
想遂成二偈用誌此段公案不難續
谿溪衛齋壁傳
和尚輾然一笑

古雅公案此題一案戰日〻鋤雲作

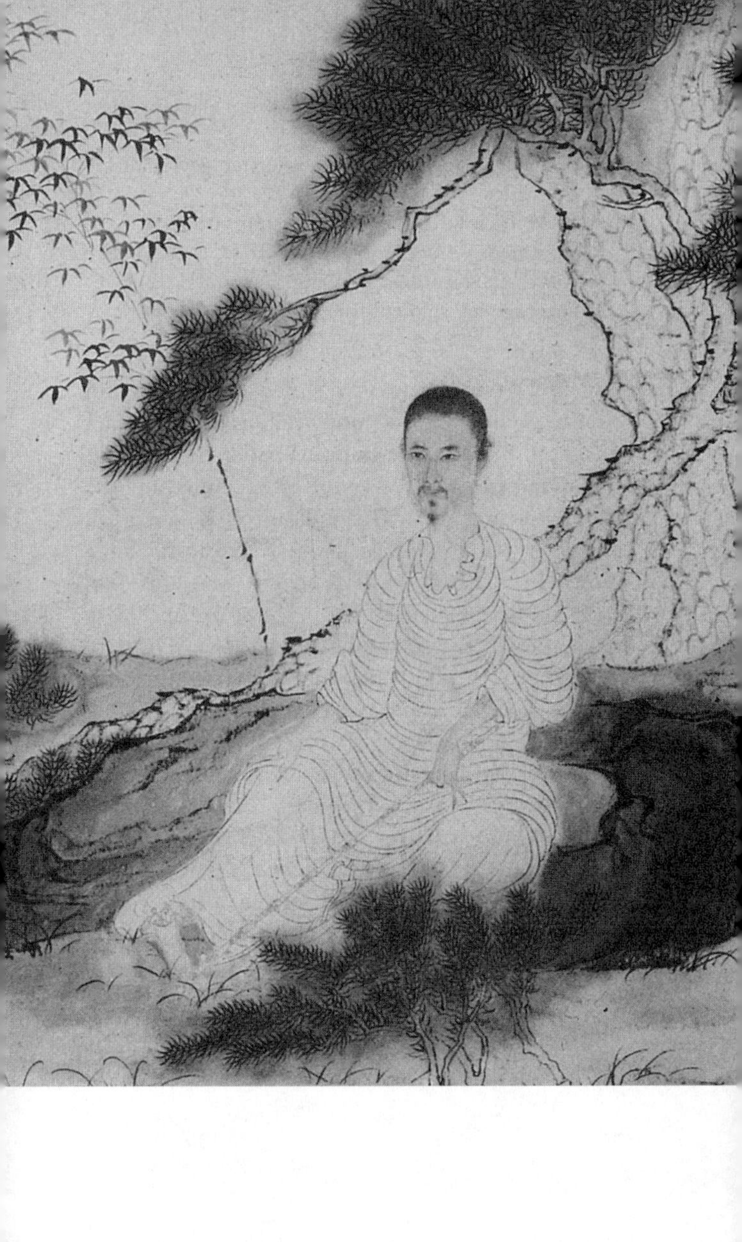

Aus lang vergangenen Jahren kann man vielleicht den Klang der Glocken hören.
Nun als ein vom Selbst begleiteter gewöhnlicher Einsiedler
Klettere ich auf die beiden Türme und pflanze Kiefern.
An einem Wintertag des Jahres 1674, eigenhändige Aufschrift von Shitao aus Qingxiang unter den Zwillingspagoden auf dem [Berg] Zhaoting.

Um 1671 engagierte sich Shitao zusammen mit einem „Schutzpatron" und treuen Begleiter, der uns stets mit seinem buddhistischen Namen als Yuanliang Hetao (1644–1687) begegnet, für die Restaurierung des Guangjiaosi. Das auch als „Kloster der Zwillingspagoden" bekannte buddhistische Chan [Zen]-Zentrum war auf dem Berg Jingting (auch Zhaotingshan) nördlich von Xuancheng, Provinz Anhui, gelegen. Die aus dem 9. Jahrhundert stammenden Gebäude befanden sich seit dem Brand Mitte des 14. Jahrhunderts in desolatem Zustand, und es war der Initiative von Shitao's Chan-Meister Lü'an Benyue (gest. 1676) zu verdanken, dass mit finanzieller Unterstützung der lokalen Elite, unter ihnen der einflussreiche Gelehrte Shi Runzhang (1619–1683), die Restaurierungsarbeiten des verfallenen Klosterbezirks beginnen konnten. 1673 machte Shitao einen kurzen Besuch im Jinghuisi von Yangzhou, Provinz Jiangsu, wo mittlerweile nicht nur Lü'an Benyue lebte, der Shitao wohl seit 1664/65 im Meditationsbuddhismus unterwiesen hatte, sondern auch dessen Meister Muchen Daomin (1596–1674). Anlass für die Reise mögen der nahende Tod des zurückgezogen lebenden Chan-Meisters im 6. Monat des Jahres 1674 gewesen sein und der Wunsch Shitao's, seinen geistlichen Ahnherrn noch einmal zu sehen.

Es waren turbulente Zeiten, die China einmal mehr an den Rand eines Bürgerkrieges brachten, als 1673 die Anti-Qing-Revolte der „Drei Feudalfürstentümer" neue Träume keimen ließ, Staat und Gesellschaft der verflossenen Ming-Dynastie erneut aufleben zu lassen. Das Restaurierungsprojekt des Guangjiao-Klosters muss wohl auch als symbolischer Akt vor dem weiteren Horizont dieser Bemühungen unverzagter Ming-Loyalisten gesehen werden, die nach der Machtübernahme durch die Mandschu hofften, das Rad der Geschichte zurückdrehen zu können. Insofern mag das unverfängliche Pflanzen junger Kiefern im Winter 1674 in Shitao's Klosterruinen einerseits als frommer Tribut an seine religiösen Ahnen verstanden werden, andererseits als abgehobene Selbstdarstellung eines gebürtigen Ming-Prinzen mit versteckter politischer Regimekritik. Schließlich war Shitao's Familie im Südwesten Chinas, in Guilin oder Quanzhou, beim Dynastiewechsel 1645 einem Massaker zum Opfer gefallen, das der Dreijährige nur deshalb überlebte, weil es gelang, ihn der Obhut der buddhistischen Kirche anzuvertrauen. Jedenfalls verarbeitete Shitao das familiäre und nationale Trauma in seinem Bewusstsein wie in seinem künstlerischen Werk eher mit nostalgischer Distanz als mit aggressiver Frustration oder Resignation.

Abb. 2 **Shitao**

Die Sechzehn Luohan*, datiert 1667, Handrolle (Detail), Tusche auf Papier, 46,3 x 600 cm, The Metropolitan Museum of Art, New York.*

Mit 25 Jahren widmete sich der junge Chan-Malermönch Shitao einem klassischen Thema der buddhistischen Ikonographie: den „Sechzehn Luohan“ oder Arhats, wie sie im Sanskrit heißen. Er wählte dazu ein höchst anspruchsvolles Format, nämlich eine 6 m lange Handrolle, und eine ebenso anspruchsvolle Malweise, die subtile monochrome „Linienmalerei auf Weiß“ (ohne Farben), *baimiao*. Der gelehrte höfische Beamte, Dichter und Maler Li Gonglin (ca. 1041–1106), der enge freundschaftliche Bande zu den führenden Häuptern des buddhistischen Klerus seiner Zeit und Umgebung pflegte, war bekannt für seinen Erfindungsreichtum, seine unorthodoxen Einfälle und ikonographischen Innovationen, durch die so manche Gestalt des traditionellen buddhistischen Pantheons in einem ganz neuen Licht erschien. Er führte die seit dem 8. Jahrhundert angewandte *baimiao*-Technik zu höchster Vollendung und hinterließ, wie das Beispiel des Shitao zeigt, nachhaltige Wirkung auf spätere Generationen ambitionierter Künstler. Einem in seiner Nachfolge arbeitenden Malermönch namens Fanlong (gest. vor 1187) wird eine Handrolle in der Freer Gallery of Art, Washington, D.C., zuge-

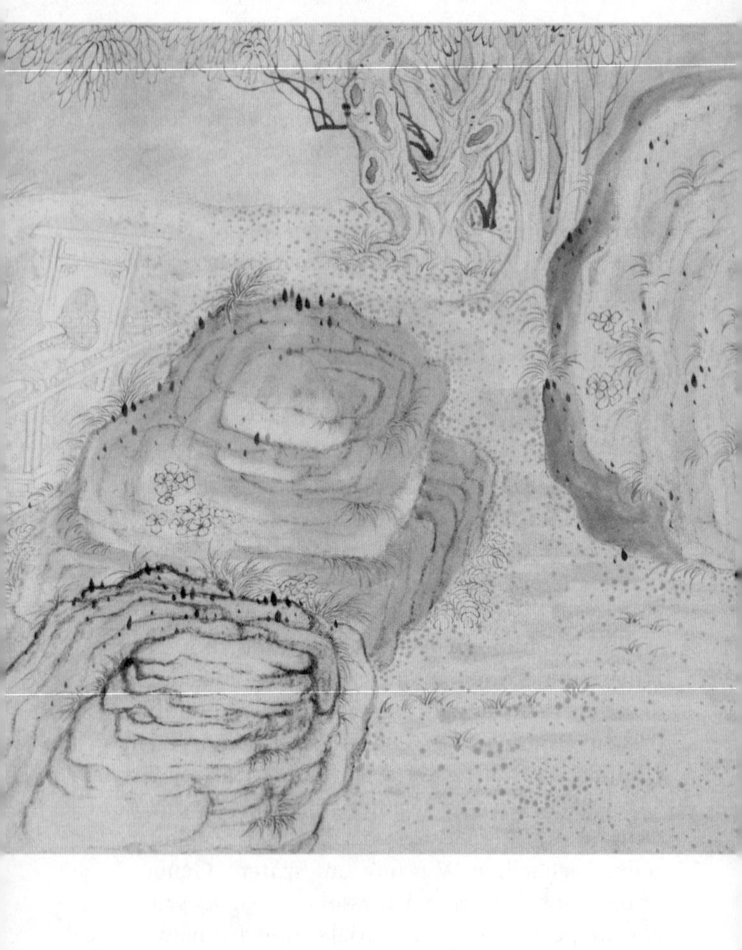

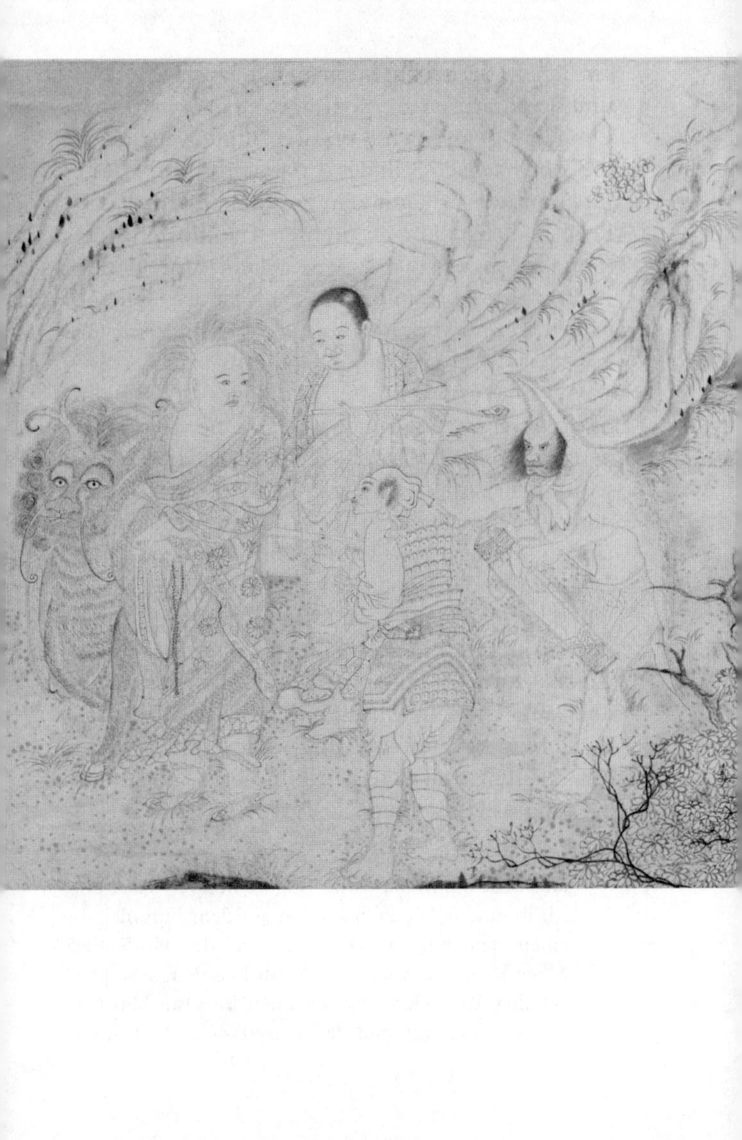

schrieben. Sechzehn Luohan mit ihren Schülern und Verehrern erscheinen hier in landschaftlicher Umgebung in höchst präziser Linienzeichnung, die den *baimiao*-Stil des Li Gonglin aufs beste repräsentiert. Es kann kein Zweifel bestehen, dass Luohan-Darstellungen in der Tradition des Li Gonglin in Chan-Kreisen beliebt waren und noch im 17. Jahrhundert Anklang fanden. Shitao's frühes Meisterwerk ist inhaltlich wie stilistisch ein künstlerisches „Glaubensbekenntnis" zur Orthodoxie. Originale von der Hand des Li Gonglin dürften schon zu Shitao's Zeit eine Seltenheit gewesen sein. Er wird vermutlich von Holzschnittdrucken ausgegangen sein, als er sich mit der „Linienmalerei auf Weiß" vertraut machte – jedoch weniger als Übung im Kopieren alter Meister, sondern vielmehr im Sinne einer individuellen Aneignung und Umsetzung des durch den Namen des großen Song-Meisters geadelten Zeichenstils. In einem längeren Kolophon aus dem Jahr 1688 zu einer Luohan-Version des ansonsten unbekannten Ming-Malermönchs Hailun erläutert Shitao seinen künstlerischen Ansatz bei religiösen Themen:

> Ich sage immer, wenn ich Arhats und andere buddhistische und daoistische [Figuren]bilder male, bin ich in einem Augenblick oben auf dem Himmel, in einem anderen im Drachenpalast [des Gotts der Meere], im nächsten im Westlichen Paradies [des Buddha Amitābha], im folgenden im Östlichen Paradies – und während der ganzen Zeit manifestiert

> sich meine transzendente Buddha werdende Natur des Geistes in der Tusche auf dem Papier. Wenn ich den Pinsel [zum Malen aufs Papier] senke, lasse ich jedes Abbild [einer Heilsgestalt] eine außerordentliche Segensverheißung machen, ein außerordentliches Glück [mitteilen] – unmöglich zu erreichen, wenn man die göttlichen Drachen, Geister und übernatürlichen Wesen einfach auslässt. Durch [die göttlichen Drachen] erkennt man Welten in der Handfläche [wenn man damit die Augen zuhält], und vermag auf die „Sande des Ganges" [die unendliche Verschiedenheit der Existenz] jenseits des angeblichen Themas hinzudeuten. [Geister und übernatürliche Wesen] sind die Verneinung [der göttlichen Drachen], dies übersteigt jedoch das Begriffsvermögen menschlicher Wesen. Das ist der Sinn und Zweck des Mönchs Bittermelone beim Malen buddhistischer Bilder.

Die strenge asketische Zucht der Luohan sowie ihr Bestreben, das Erleuchtungsziel aus eigener Kraft zu erreichen, ließ diese aus dem ältesten Bestand buddhistischer Ikonographie stammenden Buddha-Jünger gleichsam zum Inbegriff chanbuddhistischer Mönchstugenden werden. Die aus dem irdischen *samsāra*-Kreislauf enthobenen „Verehrungswürdigen" treten vorwiegend in feststehenden Formationen auf, am häufigsten in Gruppen von 16 Luohan, gelegentlich jedoch sogar in Zyklen von 500. Sie sind durch spezifische Attribute, übermenschliche Wundertaten sowie durch individuelle Wesensmerkmale und Gesten voneinander unterschieden und durchweg als alte, knorrige, teils bizarre geistesmächtige Männer charakterisiert. Den Künstlern boten sie dank ihrer nicht starr kanonisierten Ikonographie Gelegenheit zu schöpferischer Vielfalt und Individualität. Shitao verleiht den innerlich befreiten Buddha-Jüngern gar menschliche Züge und zeigt sie mit Humor und Scheu, Neugier und Furcht.

Wie vor ihm manche andere setzt Shitao seine Luohan-Gestalten in eine phantastische Landschaft mit bizarren Felsformationen, verlassenen Felsgrotten und reizvollen Gärten, doch lässt er sie nicht wie auf einer Bühne vor Kulissen agieren, er bettet sie in die tiefenräumlich erschlossene Landschaft ein. Diese ist dreifach gegliedert: am Anfang und Ende stehen und sitzen die Luohan wie Gelehrte bei einem Literatentreffen in einem eleganten Garten und im dramatischen, turbulenten Mittelabschnitt manifestieren sich die schlummernden Naturgewalten mit aller Macht. Shitao's Landschaftsausschnitte sind keine verinnerlichten Ansichten, die er auf seinen Bergtouren erlebt hatte. Es sind vielmehr visionäre Manifestationen eines geistigen Kosmos, den der junge Chan-Mönch für seine Luohan auftut. Diese befinden sich in Begleitung von Dienern, Laienanhängern und Verehrern oder eines auf ihre magischen Kräfte hinweisenden Tieres mit lockiger Mähne und gegabelten Hörnern. Einige verbrennen Weihrauch, befassen sich mit der Lektüre von Sûtras, nehmen einen aufrecht gehenden Affen in ihre Mitte, ein anderer neckt sein Schoßhündchen mit einem *lingzhi*, dem pilzförmigen „zauberwirkenden Unsterblichkeitskraut“, wieder ein anderer meditiert, begleitet von seinem zahmen Tiger, in einer Grotte. Hinter einem zerfurchten Felsrücken beobachten drei Luohan und ein kleiner Kobold, teils in verwunderter Konversation, teils in ängstlicher Neugier, wie einer der ihren, der zaubermächtige „Drachenzähmer“, aus seiner Wunderflasche einen Drachen aufsteigen lässt, zunächst in einem dünnen, am Boden dahinschleichenden Nebelband, das sich dann aber zu gewaltigen Wellen- und Wolkenwirbeln aufbläst. Im Zentrum rotiert der gehörnte Drache, Sinnbild der kosmischen Schöpfungskräfte, mit furchterregend aufgerissenem Rachen und scharfen Krallen. Ein benachbarter Wasserfall verstärkt noch das kosmische Tosen der Naturgewalten. Alle Figuren hat Shitao mit beherrschtem spitzem Pinsel zu Papier gebracht. Ihr Gesichtsausdruck und ihre Gestik sind ebenso verblüffend wie die Präzision und der minutiöse Detailreichtum der Darstellung. Bei der Behandlung der komprimierten Felsformationen und der Vegetation, insbesondere des Laubwerks, glaubt man in den dichten kontrastreichen „Mustern“ Spuren der graphischen Abstraktion schwarz-weißer Holzschnitte erkennen zu können, die Shitao in illustrierten Enzyklopädien vom Beginn des 17. Jahrhunderts sicherlich zugänglich waren.

Auf seinen ausgedehnten Pilgerreisen in den sechziger Jahren machte er Besuche in verschiedenen Chan-Klöstern. 1667 bestieg er in Begleitung des renommierten Dichters und Malers Mei Qing (1623–1697) und anderer Literaten erstmals den Huangshan, wo der erst kürzlich ernannte Präfekt von Huizhou, Cao Dingwang (1618–1693), mit dem hoffnungsvollen Maler Kontakt aufnahm. Er lud ihn zu einem Aufenthalt im Luohan-Kloster ein, das der Magistrat auf dem Gelände des „Tempels zur Nationalen Erneuerung des Höchsten Friedens", Taiping Xingguosi, in Shenxian (Xin'an) hatte renovieren lassen. Aus diesem Anlass bat Cao Dingwang seinen Gast, ein Bild mit den „Sechzehn Luohan" zu malen. Shitao soll nach eigenen Angaben daran ein Jahr lang gearbeitet haben, wie aus der Bildaufschrift des Mei Qing gegen Ende dieser Rolle hervorgeht:

> Unter den inspirierten „Händen" der „Linienmalerei auf Weiß", *baimiao*, ist Longmian [Li Gonglin] der allerbeste. Die meisten [ihm zugeschriebenen Werke], die ich gesehen habe, sind nicht echt.
> Meister Shitao's „Sechzehn Luohan" sind exquisit im Detail, bravourös in der Bewegung [des Pinsels] und göttlich inspiriert in der Komposition. Die Pinselsprache und die Tuschelavierungen erschöpfen beinahe [die Möglichkeiten] der kreativen Transformation. Er sagte: „Für diese Handrolle brauchte ich ein Jahr vom Anfang bis zum Ende." Ich habe sie auf meinem Tisch ausgerollt und wohl zehnmal

bewundert, doch war ich nicht in der Lage, auch nur ein Zehntausendstel [des Detailreichtums] auszuschöpfen. Respektvoll geschrieben von Qushan Mei Qing.

Um 1662 hatten sich Mei Qing und sein fast zwei Jahrzehnte jüngerer Freund Shitao kennengelernt. Sie gehörten – wohl seit 1667 – zum selben Literatenzirkel für Dichtung und Malerei in Xuancheng, Provinz Anhui. In einer Kolumne aus kleinen Kanzleischriftzeichen datierte und signierte Shitao die lange Luohan-Handrolle: „Im Jahr *dingwei* [1667] als ‚Enkel' des Tiantong Min [Muchen Daomin, 1596–1674], ‚Sohn' des Shanguo Yue [Lü'an Benyue, gest. 1676], Shitao [Yuan]ji." Letzterer hatte Shitao zusammen mit seinem Schutzbegleiter Hetao 1665 nach harten Prüfungen als Schüler akzeptiert und die beiden in den Grundfesten des Meditationsbuddhismus unterwiesen. Es zeigt, wie wichtig dem jungen Malermönch die im Chan so zentrale Idee von der direkten „Weitergabe der Leuchte", *chuan deng*, der „Übermittlung [der Erleuchtungslehre] von Geist zu Geist", *yixin chuanxin*, war. Die beiden Siegel des Malers sind „Der Bergmönch [Yuan]ji", [Yuan]ji shanseng, und „Shitao aus Qingxiang", Qingxiang Shitao.

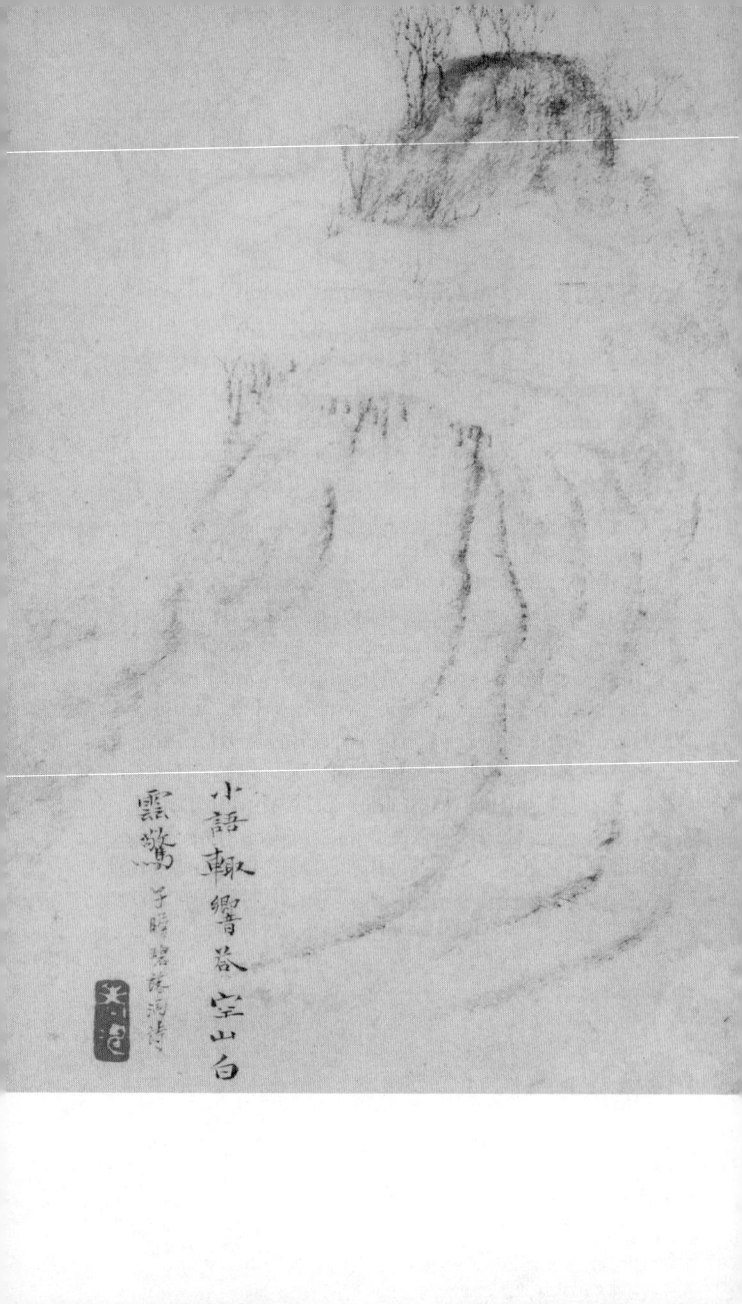
小語輒響答空山白
雲驚
子瞻碧落洞詩

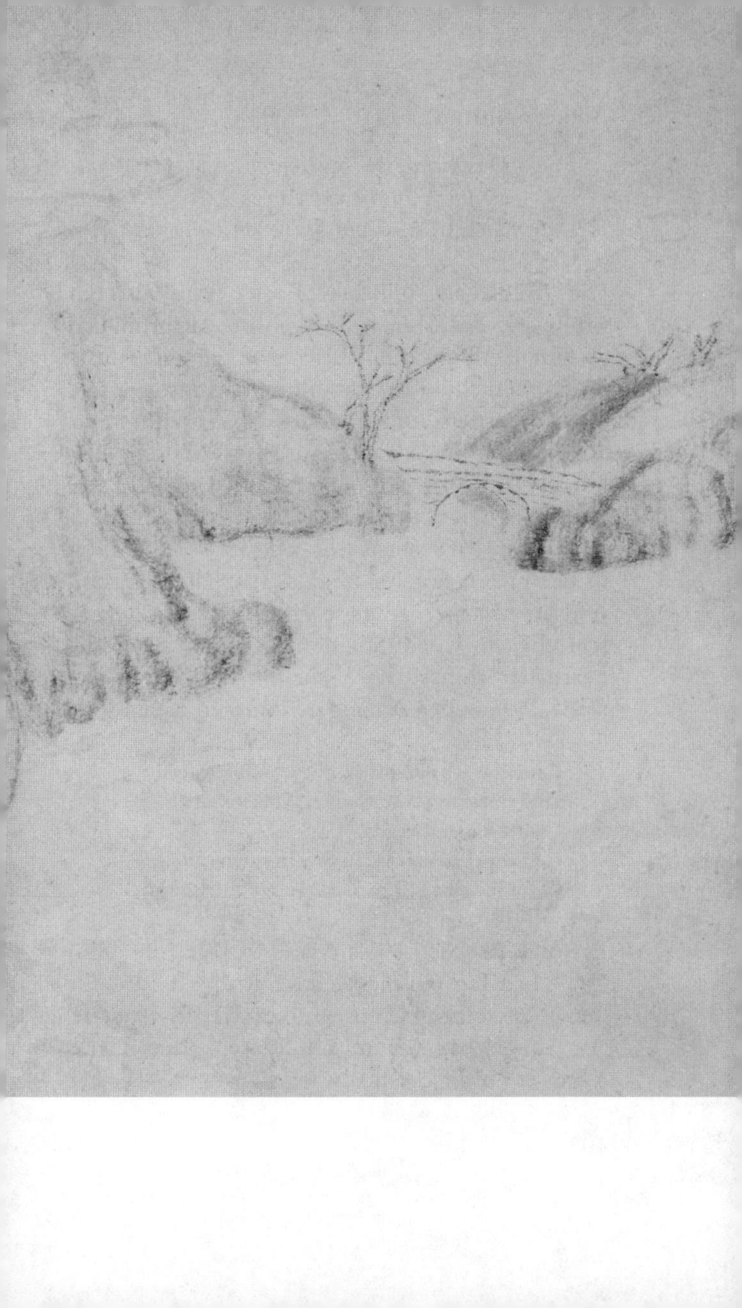

Abb. 3 **Shitao**

Das Echo, *1678, Albumblatt als Hängerolle montiert, Tusche auf Papier, 22,1 x 29,4 cm, The Art Museum, Princeton University.*

Die Landschaft mit dem Titel „Echo“ ist ein Frühwerk des Shitao. Sie gehörte ursprünglich zu einem Album mit 12 Blättern, die der Künstler zu Gedichten des berühmten Kunstexperten, Schriftkünstlers und Dichters Su Shi (Dongpo, 1037–1101) malte. Das letzte Blatt trägt eine klar lesbare Aufschrift mit einer Datierung, die der Zeit zwischen dem 24. Dezember 1677 und dem 23. Januar 1678 entspricht. Die zwei Kolumnen in der linken unteren Bildecke auf dem „Echo“ sind in „kleiner Regelschrift“, *xiao kaishu*, geschrieben in einem Stil, der mit einem der Ahnherrn der chinesischen Schriftkunst, Zhong You (151–230), seinen Anfang genommen haben soll:

> Ein Echo schallt zurück mit jedem Flüstern
> Und überrascht die weißen Wolken auf
> den leeren Bergen.
> Gedicht des Zizhan [Su Shi, mit dem Titel]:
> Biluodong – „Smaragdene Himmelsgrotte“.

Es folgt das Siegel des Malers: „Der Alte [Shi] Tao“, Lao Tao, ein Siegel, das Shitao seit 1664 für den Rest seines Lebens immer wieder benutzte. Als Shitao das Album mit diesem Bild malte, lebte er wahrscheinlich im Guangjiao-Kloster in Xuancheng, Provinz Anhui, dessen Restaurierung dank seinem Engagement gerade abgeschlossen gewesen sein dürfte.

Die karge, ephemere Landschaft lebt von einem merkwürdig ambivalenten Schwebezustand, einer latenten Spannung der Komposition zwischen vage angedeuteten Bergen und einer ungreifbaren Leere, zwischen bemalter und unbemalter Fläche. Das kleine Bild ist geprägt vom „Charakter des Schwebens und Verschwebens, der das Bestimmte ins Unbestimmte, das Gestaltete in die Gestaltlosigkeit zurückzunehmen scheint und so Ursprung und Herkunft andeutungshaft sichtbar macht" (E. Herrigel). Und dennoch ist die radikale Reduktion der Bildelemente von einer ungeheuren Expressivität. Shitao deutet nur an, er legt sich nicht fest: die schattenhaften Umrisse der Berghänge wirken wie ein fernes Echo. Nur die Steinbrücke am rechten oberen Bildrand, ein paar kahle Bäume und ein etwas dunkleres Felsplateau über welligen Wolkenschleiern treten aus der blassgrauen Leere etwas klarer hervor. Durch kompromisslose Filterung der Landschaftselemente steht hier ein höchst suggestives Bild vor Augen, das als Resultat einer erfolgreichen Auseinandersetzung mit zwei klassischen Gedichtzeilen zu werten ist und zugleich die geistige Grundhaltung eines vom Chan geprägten Künstlers erkennen lässt, der nach innerer Leere strebt. Man glaubt einen visualisierten Chan *gong'an* (J. Zen *kōan*) vor sich zu haben, einen jener paradoxen, durch logisch diskursives Denken nicht aufzulösenden Fälle, mit denen Meister der Meditation ihre Schüler auf den Weg der Erleuchtung zu bringen suchten.

Abb. 4 **Shitao**

Auf der Suche nach Pflaumenblüten: Gedichte und Malerei, *datiert 1685, Handrolle, Tusche und leichte Farben auf Papier, 30,5 x 132,9 cm, The Art Museum, Princeton University.*

Zweifellos zählte die Pflaumenblüte, *mei*, in Shitao's Malerei und Dichtung zu den beliebtesten Themen. Im Laufe der Geschichte chinesischer Malerei hatten sich lange zuvor zahlreiche hervorragende Meister der Tuschekunst dieser reizvollen Pflanze zugewandt. Bei ihren Darstellungen blühender Pflaumenzweige konnten sie auf ausführliche theoretische Abhandlungen und auf praktische Anweisungen gebende illustrierte Traktate des 13. und 14. Jahrhunderts zurückgreifen. Das *Meihua xishen pu* des Song Boren aus dem 13. Jahrhundert ist das erste Malvorlagebuch zur „Pflaumenblüten-Malerei", *meihua*. Als Ahnherr der monochromen Darstellungen, der „Tusche-Pflaumenblüten", *momei*, gilt der Chan-Malermönch Huaguang Zhongren (gest. 1123) aus Guiji bei Shaoxing, Provinz Zhejiang. Seine Stilrichtung soll der Song-Literat Yang Buzhi (1098–1169) fortgeführt und mit Innovationen bereichert haben, die in der späteren Kunstkritik gelegentlich auf Ablehnung stießen. Zusammen mit Kiefer und Bambus gehört die Pflaume zu den „Drei Winterlichen Freunden", *suihan sanyou*, die sich in tradi-

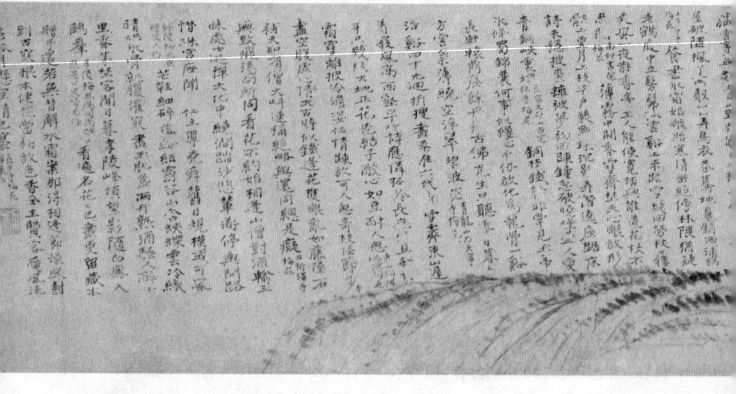

tionellen Literatenkreisen großer Beliebtheit erfreuten. Diese drei repräsentieren die elementare, ungebrochene Lebenskraft der Natur, die selbst in der eisigen Jahreszeit kräftig und sogar grün bleiben, ja der Pflaumenbaum öffnet sogar unter der Last des Schnees gelegentlich seine Blüten.
Shitao malte seine in mancherlei Hinsicht unkonventionelle Pflaumenblüten-Handrolle zwischen dem 5. März und 3. April 1685. Dies geht aus seinem Prosatext in 9 Kolumnen hervor, den er niederschrieb, als er im „Ein-Zweig-Pavillon", Yizhige, südlich von Nanjing, Provinz Jiangsu, lebte. Von einem Priesterfreund hatte der Künstler die Einsiedelei auf dem Gelände des Changgan-Klosters (Bao'ensi) übernehmen können, wo er überwiegend Kontakte mit Klerikern und buddhistischen

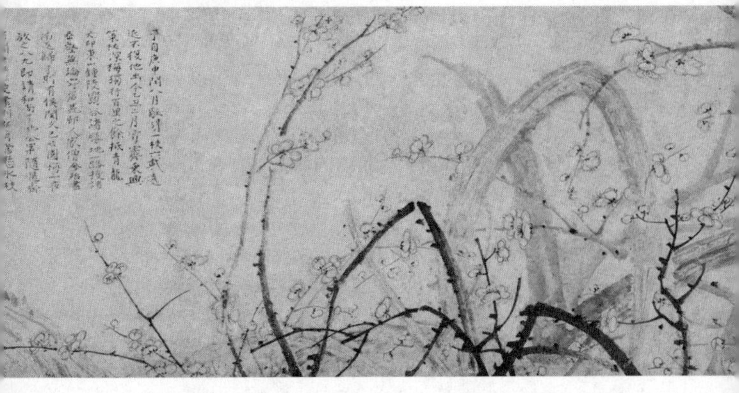

Laienanhängern pflegte. Bevor er sich zwischen 1680 und 1686 für sechs Jahre hier niederließ, war er auf der Suche nach Pflaumenblüten in Nanjing und Umgebung umhergestreift, um sich zu Gedichten und Bildern inspirieren zu lassen. In einem Albumblatt mit „Erinnerungen an Jinling“ aus dem Jahr 1707 zeigt er sein abgeschiedenes, auf einer Bergkuppe gelegenes Studio, und in seinem Werk „Auf der Suche nach Pflaumenblüten“ bringt er das Ergebnis seiner unermüdlichen Bemühungen in einem bravourösen Pinselspiel voller Dynamik sowie im hinteren Teil der Handrolle in 9 diszipliniert geschriebenen Sieben-Wort-Gedichten in 29 Kolumnen zu Papier. In der Einleitung heißt es:

> Seit dem 8. eingeschobenen *gengshen*-Monat [23. September – 22. Oktober 1680] lebe ich ganz allein für mich seit bald 6 Jahren im „Ein-Zweig [Pavillon]", Yizhi[ge] – ohne irgendwo anders hinzugehen. Jetzt ist der 2. Monat *yichou* [5. März – 3. April 1685] gekommen. Der Schnee ist geschmolzen, und meine Stimmung ist frohgemut. Ich nahm meinen Wanderstab und machte mich auf die Suche nach Pflaumenblüten. Allein wanderte ich mehr als 100 *li* [Meilen] und besuchte den „Berg des Grünen Drachen", Qinglong[shan], den „Berg des Himmlischen Siegels", Tianyin[shan], den „Ostberg", Dongshan, das Zhong-Mausoleum, Zhongling, das „Tal der Seelen", Linggu, und andere denkwürdige Orte. Auf dem ganzen Weg suchte ich nach Bergen und Tälern. Ob eine Landgaststätte, ein verlassenes Dorf, ein Familiengehöft oder eine Mönchsklause – ich suchte sie alle auf, bevor ich umkehrte. Bei meiner Rückkehr war da jemand, der lange auf mich gewartet hatte, der sagte: „Der Pflaumenbaum im Garten ist während des Abends beinahe zu voller Blüte gelangt. Würde der Mönch bitte kommen und die Sache erledigen?" So folgte ich ihm hinüber zu meinem Studio, öffnete die Läden und setzte mich in Kontemplation nieder. Als es bald Mitternacht war, stand der einsame Mond am Himmel und warf [den Schatten] eisiger Zweige auf den Boden. Ich nahm meinen Pinsel, und hinterließ insgesamt 9 Gedichte, die mir in den Sinn kamen.

Shitao bediente sich dabei einer klaren Regelschrift, die in ihrer archaisierenden Schmucklosigkeit und Exaktheit auf Zhong You (151–230) zurückgeht. In der innigen Bindung von Poesie,

Schriftkunst und Malerei ist hier ein „Gesamtkunstwerk" von höchst individuellem Charakter entstanden. Ideen *verdichten* sich zum geschriebenen Wort, zum Schriftzeichen, zum aufgezeichneten oder gemalten Bild, sodass die chinesischen Literati seit dem 11. Jahrhundert diese Wechselwirkung gern mit einem geflügelten Wort charakterisierten: „Gedichte sind Gemälde ohne sichtbare Gestalt. Gemälde sind gestaltete Gedichte." Sie sahen in den künstlerischen Äußerungen ein ästhetisches Spiel mit dicht ineinander verflochtenen Medien und in deren gegenseitiger Befruchtung einen kongenialen Darstellungsmodus, der Wort, Schrift und Bild als gleichrangige Transformationen von Ideen, Emotionen und Dingen vor Augen stellt. Für ein solches „Gesamtkunstwerk" prägten sie den Begriff *sanjue*, „Drei Einzigartige", den erstmals der kunstliebende Tang-Kaiser Xuanzong (685–762, r. 712–756) für ein ehrfurchtsvoll dem Thron gewidmetes Werk des Zheng Qian (gest. 764) verwendet hatte.
Im „Gesamtkunstwerk" des Shitao kontrastiert die geduldige Sorgfalt in der Ausführung der vertikalen Kolumnen mit den ungeduldigen, verwirrenden Pinselschwüngen des Pflaumenbaumgeästs mit seinen rhythmisch verteilten Blüten. Hier drängen dunkle, abgewinkelte Zweige vom unteren Bildrand in den Vordergrund empor, und kräftige bogenförmige lichtgraue Pinselwischer in der Technik des „überflogenen Weiß", *feibai*, kreuzen einander in munterem Wechsel.

Hier ist das Tempo des borstigen Pinsels so rasant, dass dieser an manchen Stellen das Papier nur noch oberflächlich streift, gleichsam „überfliegt“, um eine eilige graue Tuschespur zu hinterlassen, die den hellen Papiergrund durchscheinen lässt. Shitao vermittelt den Eindruck unbändiger, wild wuchernder Natur, in der die mit spitzem Pinsel zart umrissenen Blüten präzis und liebevoll eingebettet erscheinen. Schräge Lagen grauer Tupfen deuten im Verein mit kurvigen Formungslinien im zweiten Teil der Handrolle den trockenen Boden der diesseitigen Wirklichkeit an, dem die Pflaumenblüten in ihrer überschwänglichen Vitalität vor dem leeren Grund gleichsam enthoben zu sein scheinen.

Abb. 5 **Shitao**

***Zehntausend Hässliche Tuscheklecks*e,**
datiert 1685, Handrolle, Tusche auf Papier, 25,6 x 227 cm, ehemals Suzhou Museum.

„Zehntausend Hässliche Tuscheklecks*e*“ sind Shitao's „tachistischer“ Gegenentwurf zu seiner verfeinerten „Suche nach Pflaumenblüten“. Beide Werke entstanden 1685. Er huldigt hier dem Ideal der *yipin*, der Künstler der „ungebundenen Klasse“, die in den Tuscheklecksern der Tang-Zeit (618–907) ihren Ursprung hatte. Die Experimente mit „aufgespritzter oder hingekleckster Tusche“, *pomo*, und „hingepusteten Wolken“, *chuiyun*, von Wang Mo, „Tusche-Wang“, oder Wang Pomo dürften die ersten Ansätze zur exzentrischen Tuschemalerei gewesen sein. Die in verschliffener „Kurrentschrift“, *xingshu*, in 9 Kolumnen am Ende der Rolle angefügte Bildaufschrift gewährt einen Einblick in die selbstironische Einstellung des Künstlers gegenüber seiner eigenen Malerei und der traditionellen Kunst:

> Die zehntausend hässlichen Tuscheklecks*e*
> ärgerten den verrückten Mi [Fu] zu Tode.
> Ein paar weiche Spuren [des Pinsels] wie Fasern
> würden Beiyuan [Dong Yuan] vor Lachen
> umwerfen.

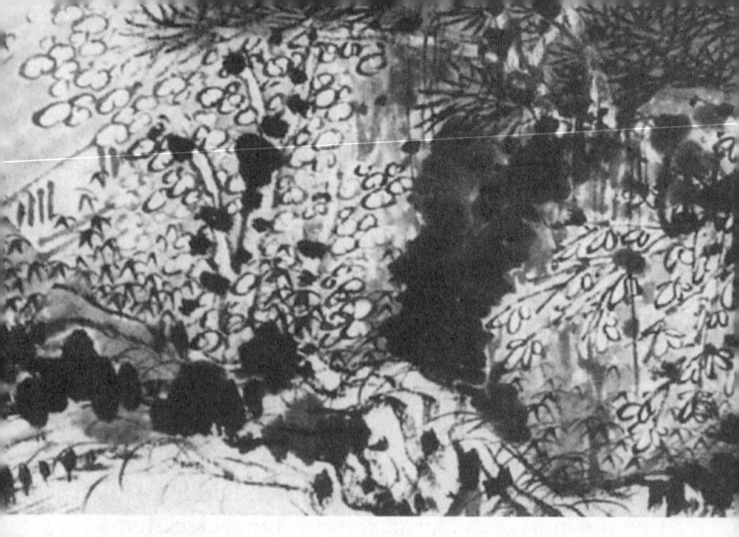

Die Distanzansichten sind inkohärent, es fehlen die Wendungen und Kehren der Berge und Ströme.
Die Nahansichten sind dicht und konfus im Detail; man kann kaum die wenigen einfachen Dorfhütten erkennen.
Nimm ein für allemal das geistige Auge weg von konventionellen Mustern, so wie ein Unsterblicher auf dem Wind reitend seinen Geist befreit hat von den Fesseln des Fleisches und der Knochen.
Zu Beginn des Sommers 1685 bei einem Aufenthalt im Wuyunqingshe machte ich ein paar Tuschekleckse, *pomo*, für den Chan-Mönch Canggong – etwas zum Lachen.
Gemacht von Shitao [Yuan]ji aus Qingxiang.

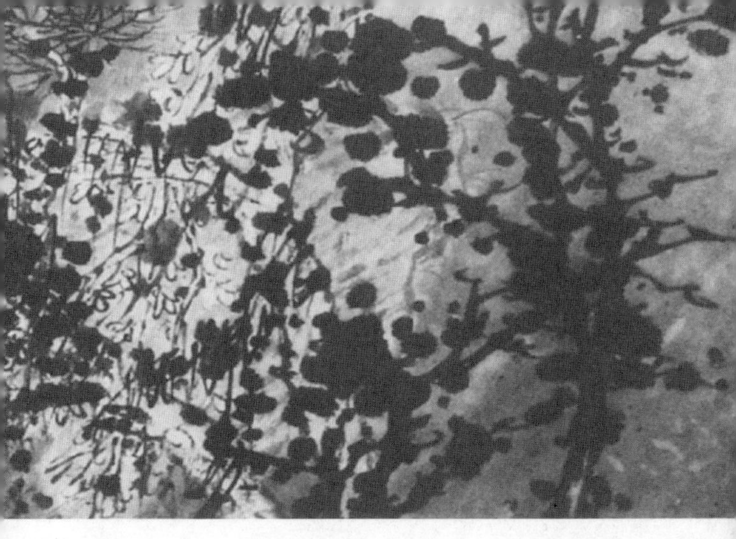

Die „Tuscheklecksе" entstanden also nur wenige Monate nach der „Suche nach Pflaumenblüten" im Wuyunsi, dem „Fünf-Wolken-Kloster" in Nanjing, als spaßiges Geschenk für einen gewissen Canggong, der möglicherweise als der Dichter Du Yin (1617–1693) identifiziert werden kann. Shitao scheint sich eingangs bei zwei der Patriarchen chinesischer Landschaftsmalerei entschuldigen zu wollen, wenn er den „verrückten Mi Fu" (1052–1107) anspricht. Dieser war eine der schillerndsten und profiliertesten Künstlerpersönlichkeiten der späten Nördlichen Song-Dynastie, ein äußerst heikler und kritischer Kunstsammler, ein hervorragender Schriftkünstler und Maler, dessen Stil von dicht gesetzten Tuschetupfen geprägt

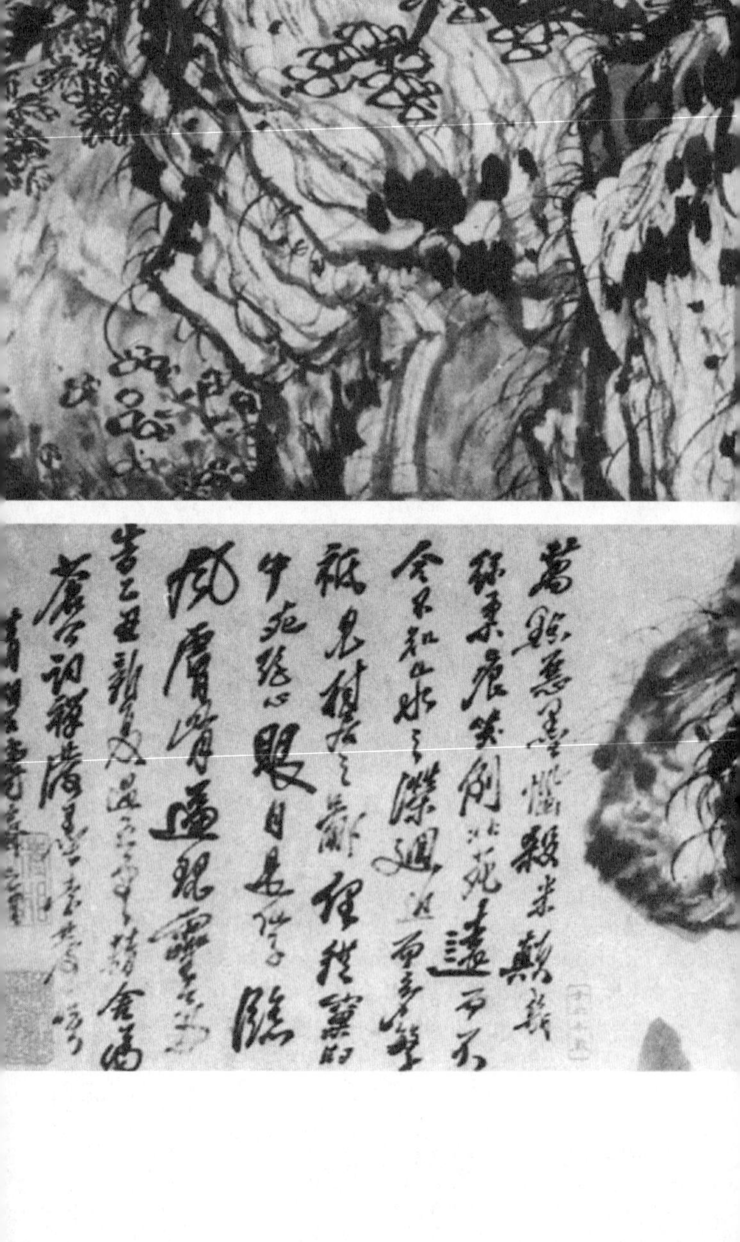

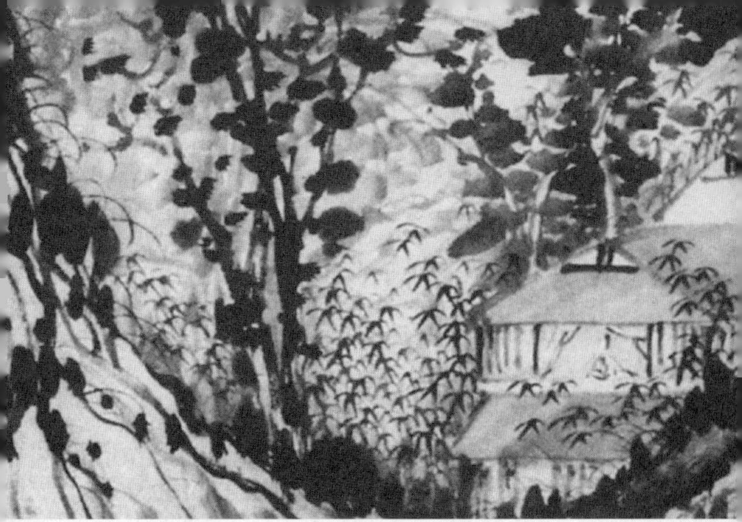

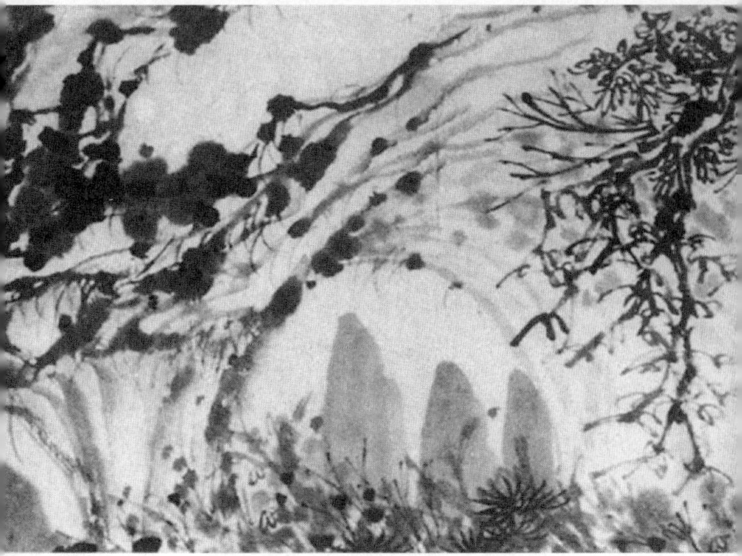

war – Shitao's wilde Tuscheklecksе hätte er sicherlich scharf verurteilt. Der 962 gestorbene Dong Yuan gehörte zu den einflussreichsten Landschaftsmalern der Jiangnan-Region. Seine Landschaftsbilder zeigen weiche, faserige Texturlinien zur Gestaltung der Oberfläche von Bergen und Hügeln – nicht zu vergleichen mit Shitao's „lächerlichen" Versuchen in diesem Bild. Durch die Überschneidung vom oberen und unteren Bildrand werden die Landschaftselemente in „Zehntausend Hässliche Tuschekleckse" ganz dicht an das Auge des Betrachters herangeführt, es hat keine Zeit, sich zu erholen in diesem rastlosen und turbulenten Furioso von tiefschwarzen Klecksen, grauen Tupfen und Strichen. Ausgedehnte ferne Ansichten von Bergen und Wäldern, Seen und Flüssen fehlen. Nur ein kleiner Wasserfall unter überhängenden Felsen, ein paar Kiefernzweige, verschiedene Laubbäume und fünf Stalagmitenspitzen in einer Grotte am Ende der Rolle erschließen sich dem geduldigen Auge. Shitao macht nicht die geringste Andeutung zur Suggestion eines Tiefenraums. Im dichten Gewirr der Wälder – umgeben von einem Bambushain – erkennt man ein kleines Anwesen, in dem ein Gelehrter am offenen Fenster sitzt, vielleicht der Empfänger des Bildes. Das künstlerische Grundproblem ist nicht der Raum als solcher, sondern eher das Verhältnis der Naturelemente zueinander, das sich natürlicherweise in einem Raum vollziehen muss.

In seinem Kommentar fordert der Maler unmissverständlich dazu auf, sich nicht von traditionellen Vorgaben leiten zu lassen, sondern sich frei zu machen von Konventionen und Regeln über Bord zu werfen. In seinen maltheoretischen Aufzeichnungen, *Huayulu*, plädiert er im 2. Absatz für die Abschaffung aller Richtlinien, um dem „All-Einen Pinselstrich" uneingeschränkte Entfaltung zu bieten und ihn in letzter Konsequenz gar zur Auflösung zu führen: „Wenn also nun die Malerei das ist, was Himmel, Erde und den Zehntausend Dingen Gestalt gibt, wie könnte man diesen Gestalt geben, wenn man Pinsel und Tusche zur Seite legte? Die Tusche wird vom Himmel empfangen. Dicht oder licht, trocken oder feucht folgt aus ihr. Der Pinsel wird vom Menschen beherrscht. Konturstriche, Texturstriche und Tuscheverläufe folgen aus ihm. [...] Der Weg der Malerei ist dann klar markiert, und der All-Eine Pinselstrich abschließend aufgelöst."
Was Shitao in diesem „hässlichen" Werk vor Augen stellt ist ein grandioses „Tuschespiel", *moxi*, wie es in dieser Expressivität und Radikalität bisher noch nicht dagewesen war, auch wenn der Maler gelegentlich an den exzentrischen Ming-Meister Xu Wei (1521–1593) gedacht haben mag. Shitao bearbeitet die Papieroberfläche mit seinen Pinseln vehement und ungezügelt, überlässt manche Effekte, wie etwa die tiefschwarzen, auf dem feuchten grauen Grund verlaufenen Kleckse am Anfang der Rolle, dem Zufall, und

am Ende entsteht urwüchsige Natur pur, voller Vitalität und pulsierender Lebenskraft. Angesichts der „Zehntausend Hässlichen Tuschekleckse“ wird klar, warum Shitao nicht gern auf Seide malte, einem Malgrund, der seine Spontaneität von vornherein massiv einschränkte. Die Rolle ist nicht das Ergebnis sorgfältiger Planung, sondern die ungefilterte Umsetzung einer Bildidee in einem kurzen spontanen Schaffensakt voller Lust und Humor durch eine eigenwillige Künstlerpersönlichkeit in ihren besten Mannesjahren.

Abb. 6 **Shitao**

Bergpavillon, Landschaften für den Daoisten Yu, *ca. 1686–1689, Albumblatt, Tusche und Farben auf Papier, 24 x 28 cm, Sammlung der Familie C. C. Wang, New York.*

Das zauberhafte Blatt mit dem „Bergpavillon" gehört zu einem Album mit 12 Landschaften in Shitao's ganz persönlicher Interpretation alter Meister der Song- (960–1279) und Yuan-Zeit (1279–1368). In einer zerklüfteten Gipfellandschaft sitzt ein einsamer Mann, vielleicht ein daoistischer Eremit oder Chan-Mönch, in einem offenen Pavillon, der wie ein Vogelnest in die Klippen gebaut ist. Stilistische Grundkomponenten der organischen Gebirgslandschaften des Guo Xi (ca. 1010–1090) sind hier auf individuelle Art und Weise umgestaltet. Mit langen welligen Umriss- und Formungslinien in dunkler Tusche, die sich in losem Geflecht überkreuzen, und mit blassen Tupfen in bläulichen, grünen und bräunlichen Tönen formiert sich ein komplexer malerischer Organismus, der den Betrachter an seiner Entstehung teilhaben lässt. Shitao ging es hier nicht – wie in anderen Fällen – um die erlebte Wiedergabe einer konkreten topographischen Ansicht, sondern um die kosmischen Kräfte der Berge und Felsen, ihr Entstehen und Vergehen. Es ist in Essenz das Abbild der „Idee" von Natur, Bergeinsamkeit, phantastischer Bergwelt. Shitao's

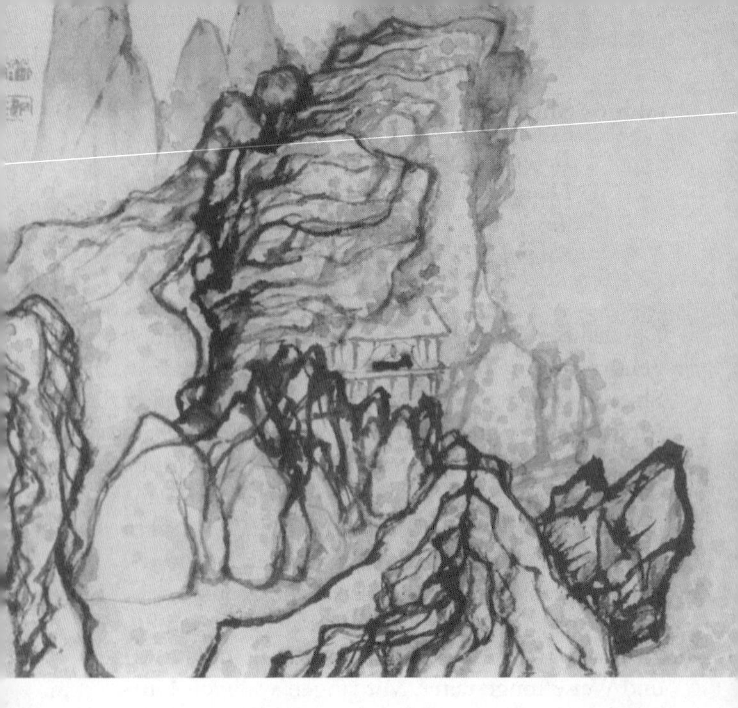

Bild ist das Ergebnis einer Vision, eine „Landschaft des Geistes“. Zudem ist sein kleines Gemälde ein Musterbeispiel für jene suggestiven inneren Spannungen und Verknüpfungen eines Landschaftsorganismus, die in der chinesischen Kunsttheorie unter dem Begriff „Drachenadern“, *longmo*, bekannt sind. In ihnen fließt – wie in realen Blutgefäßen – das *qi*, die vegetative Lebenskraft, der „Lebensatem“ oder „kosmische Atem“. Nach Ansicht der alten Chinesen wurde der Kosmos von immanenten Gesetzen bestimmt, von Lebenskräften und Energieströmen, die ihn in allen seinen Bestandteilen durchfluteten. Um den Menschen, seinen Lebensraum, seine Kultstätten, Häuser, Arbeits- und Ruhestätten möglichst harmonisch in eine Landschaft und somit in den Organismus des kosmischen Körpers zu integrieren, bedurfte es einer eingehenden Analyse der landschaftlichen Gegebenheiten, und diese Analyse leistete die Geomantik, *fengshui*, „Wind und Wasser", eine Pseudowissenschaft, die während der Han-Dynastie (206 v. Chr.–220 n. Chr.) systematisiert wurde und in jüngster Zeit auch im Westen ungeheure Blüten treibt. Das *qi* konzentriert sich vor allem in den Bergen, und von dort belebt es Täler und Schluchten. Wichtig ist es, die Fließmuster oder Konfigurationen der Energieströme aufzudecken, bevor man den Bauplatz und Lageplan für einen Tempel, Landsitz, Garten oder Aussichtspavillon, für ein Haus oder Grab festlegt. Es muss der „Puls der Erde", *dimo*, gleichsam erfühlt werden. Gesteine und Gewässer bieten dazu sichtbare Anhaltspunkte. Gemäß alter geomantischer Grundregeln gelten vor allem die Felsen als Kristallisationsformen kosmischer Kraftfelder, zwischen denen sich die dynamischen Ströme der Natur, *shi*, entfalten. Den sich ständig wandelnden Konfigurationen des *shi* stehen die statischen Formen, *xing*, gegenüber, und aus diesem Verhältnis erklärt sich, warum in traditioneller chinesischer Diktion Felsen als die „Knochen der Erde", *digu*, bezeichnet werden. All dies übertrug man schon früh, spätestens seit Guo Xi, auf die Theorie der Landschaftskunst. In seinen Bildaufschriften betonte Shitao wiederholt die Wichtigkeit des „kosmischen Atems", *qi*. Er erinnerte sich gelegentlich an die Pioniere der Landschaftskunst, etwa an Jing Hao (ca. 855–915), und kannte ohne Frage dessen „Anmerkungen zur Pinseltechnik", *Bifaji*, die erste zusammenhängende Theorie der chinesischen Landschaftsmalerei. Darin heißt es: „Es gibt vier Arten von Kräften in der Pinseltechnik: Muskeln, Fleisch, Knochen und Geist. Wenn ein Pinselstrich unterbrochen ist, seine Kraft jedoch fortfließt, dann hat er Muskeln. Wenn ein Pinselstrich mit an- und abschwellender Stärke von substantieller innerer Kraft erfüllt ist, dann hat er Fleisch. Wenn ein Pinselstrich kraftvoll und aufrecht ist mit der Kraft, toten Dingen Leben zu verleihen, dann hat er Knochen. Wenn jeder Pinselstrich im ganzen Gemälde unbezwingbar ist, dann hat das Ganze Geist."

In der linken oberen Ecke setzte Shitao die beiden Siegel Yuanji und Shitao auf sein Bild. Auf dem letzten Blatt des Albums mit fernen Segeln am bewaldeten Ufer hinterließ der Maler eine kurze Aufschrift programmatischen Charakters: „Dieser Stil hat keine Richtlinien. Ich habe meine [eigenen] Richtlinien für die 12 Albumblätter angewandt, um diese dem ‚älteren Daoisten-Bruder' Yu zu schicken. ‚Ehrwürden Bittermelone‘ [Yuan]ji, Kugua Heshang [Yuan]ji.“ Yu Daoren lässt sich mit großer Wahrscheinlichkeit als Wu Chengxia mit dem Beinamen Yusheng identifizieren. Er entstammte einer wohlhabenden Familie aus Xi'nan in Shenxian, die den Künstler seit 1673 für den Rest seines Lebens förderte und mit Aufträgen unterstützte.

Abb. 7 **Shitao**

Tao Yuanming genießt Chrysanthemenduft. Blatt aus dem Album ***Blumen und Figuren,*** *1695, Tusche und leichte Farben auf Papier, 23,2 x 17,8 cm, The Art Museum, Princeton University.*

Tao Yuanming, auch Tao Qian (365–427), gehört zu Chinas bedeutendsten Dichtern. Er wurde von Li Bai (Taibo, 701–762) und Su Shi (Dongpo, 1037–1101) als „unvergleichliches und unerreichbares" Vorbild verehrt, und alle drei hatten für Shitao große Bedeutung. Die Ideale des individualistischen Einsiedlers, tiefes Naturgefühl, heitere Gelassenheit und innere Selbstzufriedenheit fanden im Werk des Tao Yuanming ihren ersten und nachhaltigen Ausdruck. Nachdem er etwa 13 Jahre lang öffentliche Ämter im Staatsdienst bekleidet hatte – das letzte als Magistrat von Pengze, Provinz Jiangxi, freilich nur 80 Tage – kehrte der „Meister der Fünf Weiden", Wuliang Xiansheng, wie er sich auch nannte, 406 aus dem „Schmutz der Verstrickungen" auf sein eigenes Gehöft zurück, um dort in der einfachen Idylle seinen idealistischen Lebensentwurf im Einklang mit der Natur und in unbehelligter Reinheit des Herzens und des Geistes zu realisieren. Einige Episoden aus seinem Leben und mehrere seiner Gedichte boten Malern durch die Jahrhunderte Anregungen zu reizvollen Darstellungen. Vor allem

Gedichte aus seinem Zyklus „Beim Weintrinken", *Yinjiu*, wurden zu beliebten, geradezu klassischen Themen der kommentierenden Literatur und Malerei. Das 5. Gedicht ist dem „Pflücken der Chrysanthemen am Ostzaun" gewidmet:

> Ich baute mein Haus inmitten der Menschen Bezirk;
> Aber von ihren Wagen ist hier kein Hallen.
> Und wenn du fragst, woher das kommen mag:
> Mein Herz weilt fern – ist an sich selbst verfallen.
> Am Ostzaun pflück' ich müßig Chrysanthemen.
> Sehe den Südberg von meinem stillen Ort:
> Des Berges Hauch so schön im letzten Licht;
> Schweifende Vögel fliegen in Paaren fort.
> Und in dem allen liegt ein tiefer Sinn.
> Ich will ihn sagen – ich habe vergessen das Wort.
>
> (Übers. Günther Debon)

In seiner Aufschrift am linken Bildrand gibt Shitao die Essenz dieses Gedichts wieder:

> [Chrysanthemen] pflücken am Ostzaun,
> Eine Faust voll des frischen Dufts genießen.
> Mensch und Ort: beide vergessen.
> Wem kann ich diese Worte anvertrauen?
> „Der Alte Mann Bittermelone"
> [Yuan]ji, Kugua Laoren Ji.

Der Kolumne aus 18 Schriftzeichen und der Signatur folgen die beiden Siegel des Künstlers: „Der Alte [Shi] Tao", Lao Tao, und Yuanji. Isolierte Idealporträts wie dieses begegnen selten in Shitao's Oeuvre. Der Maler stellt hier einen sei-

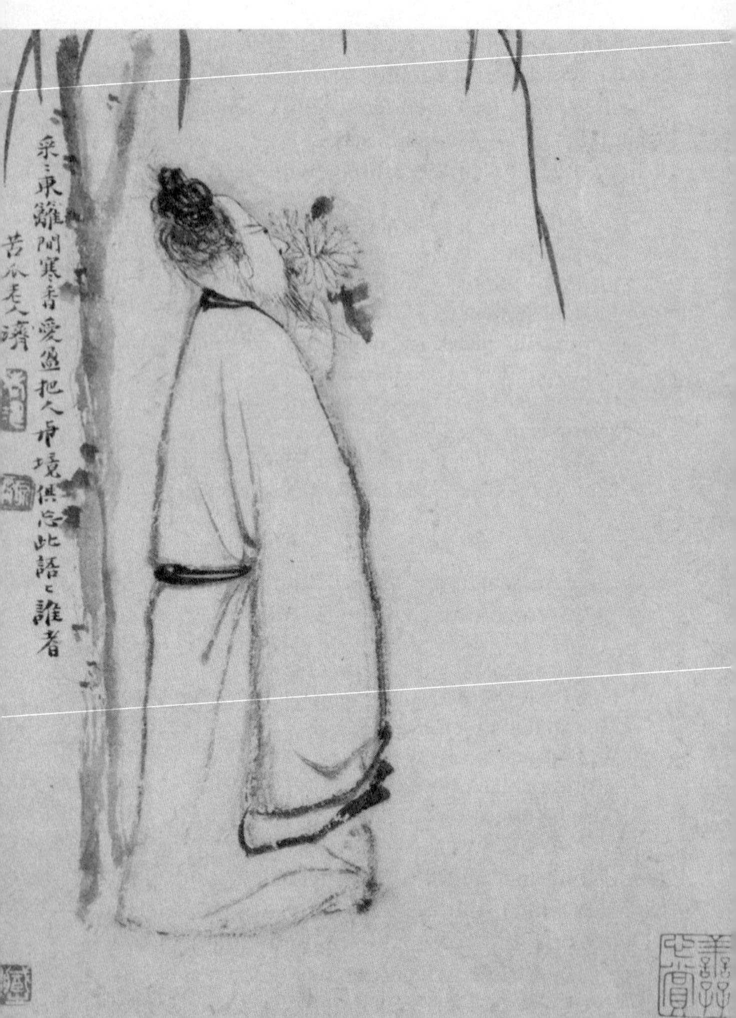
采〻東籬間寒香愛盈把人境俱忘此語〻誰者
苦瓜老人濟

ner Lieblingsdichter vor. Er zeigt ihn im Profil nach rechts und rückt ihn aus der Bildmitte ein wenig nach links, um dem Blick des versonnenen Poeten und seiner latent schreitenden Vorwärtsbewegung Raum zu geben. Tao Yuanming ist in ein langes Literatengewand gekleidet, das an der Hüfte gegürtet ist. Der weite Ärmel fällt fast bis zum Boden. Sein schwarzer Saum und die dunklen Tuscheakzente an Gürtel und Kragen heben sich von den grauen Pinselzügen der reduzierenden Umriss- und Binnenzeichnung markant ab. Shitao verwendete dafür „trockene" Tusche und einen rauen, abgenutzten Pinsel, dem es in seinem modulierenden Duktus gelang, der Figur körperhaftes Volumen zu geben. Im Kontrast dazu ist das Gesicht mit spitzem Pinsel gemalt – sicher und sparsam im Einsatz, flexibel und präzis in der Führung zur Charakterisierung des Auges, der Nase, der hohen Stirn, des strähnigen Vollbarts und der wirren hochgesteckten Haarpracht. Baumstamm und Bildaufschrift in Tao Yuanming's Rücken verleihen der Komposition Stabilität. Von oben hängen wenige Zweige eines Weidenbaums ins Bild, die als Chiffren für die ländliche Umgebung zu gelten haben. Genießerisch hat der Dichter seinen Kopf leicht nach hinten geneigt, um seinen Blick schweifen zu lassen – zum imaginierten Südberg und zum Ostzaun – und um den Duft der Chrysanthemenblüte vor seinem Gesicht in vollen Zügen einzuatmen. Dadurch verleiht der Maler seiner Dichtergestalt einen verträumt-heiteren Ausdruck. Er teilt ihr eine Aura in sich ruhender Würde und Erhabenheit mit, etwas von jener emotionalen Sensibilität und intellektuellen Verfeinerung, die zur Zeit Tao Yuanming's gleichnishaft stand für den Lebensstil eines zurückgezogenen Geistesmenschen.

Das Idealporträt des Tao Yuanming ist eines von 8 Blättern mit „Blumen und Figuren", das Shitao für Huang You (1661–ca. 1725) malte, einen Freund, Gönner und Reisegefährten des Malers, dem er 1695 erstmals begegnete. Auf einem der Blätter findet sich ein begleitendes Kolophon des Wu Sugong (1626–1699), das auf den Sommer des Jahres 1695 datiert ist. In seinem auf das Wesentliche beschränkten Figurenstil erinnert Shitao's Idealporträt an den großen Song-Maler Liang Kai (tätig 1. Hälfte 13. Jh.) und dessen Darstellung des „Li Bai, ein Gedicht rezitierend" im Nationalmuseum Tōkyō. Liang Kai, der wie Shitao enge Kontakte mit dem Chan-Klerus pflegte, hat die Malerei mit „abkürzendem Pinsel", *jianbi*, maßgeblich geprägt und in einigen monochromen Figurenbildern vorbildhaft überliefert.

Abb. 8 **Shitao**

Bananenblätter und Kiefernast. Blatt aus dem Album ***Blumen und Figuren***, *1695, Tusche auf Papier, 23,2 x 17,8 cm, The Art Museum, Princeton University.*

Bananenbäume und -stauden, *Musa basjoo*, sind in China einheimische Gewächse; sie heißen dort *bajiao*. Mit ihren robusten lappigen Blättern, nicht wegen ihrer Frucht, zählt die Banane zu den „Vierzehn Kostbarkeiten" des Gebildeten, dem sie ein Symbol der Selbstbeherrschung und -erziehung ist. Shitao paart sie in seinem kleinen Bild aus dem Album mit „Blumen und Figuren" für seinen Freund Huang You (1661–ca. 1725) aus dem Jahr 1695 mit ein paar Kiefernbüscheln, die mit ihren langen spitzen Nadeln am oberen Bildrand einen wirkungsvollen Akzent und Kontrast setzen. Shitao konzentriert die lappigen Bananenblätter in der linken Bildhälfte. Der narbige Stamm der Bananenstaude wird nur an einer Stelle sichtbar. Ein breites Blatt, das die Komposition stabilisiert und gezielt als Repoussoir eingesetzt ist, überspannt unten die gesamte Bildbreite; ein anderes schiebt sich von links diagonal nach oben. Durch die Überschneidung der Blattspitzen vom Bildrand und des üppigen dichten Blattgefüges im linken Teil suggeriert der Maler eine Öffnung und Ausweitung des kompositionellen Rahmens, und zugleich komprimiert er das Wesen-

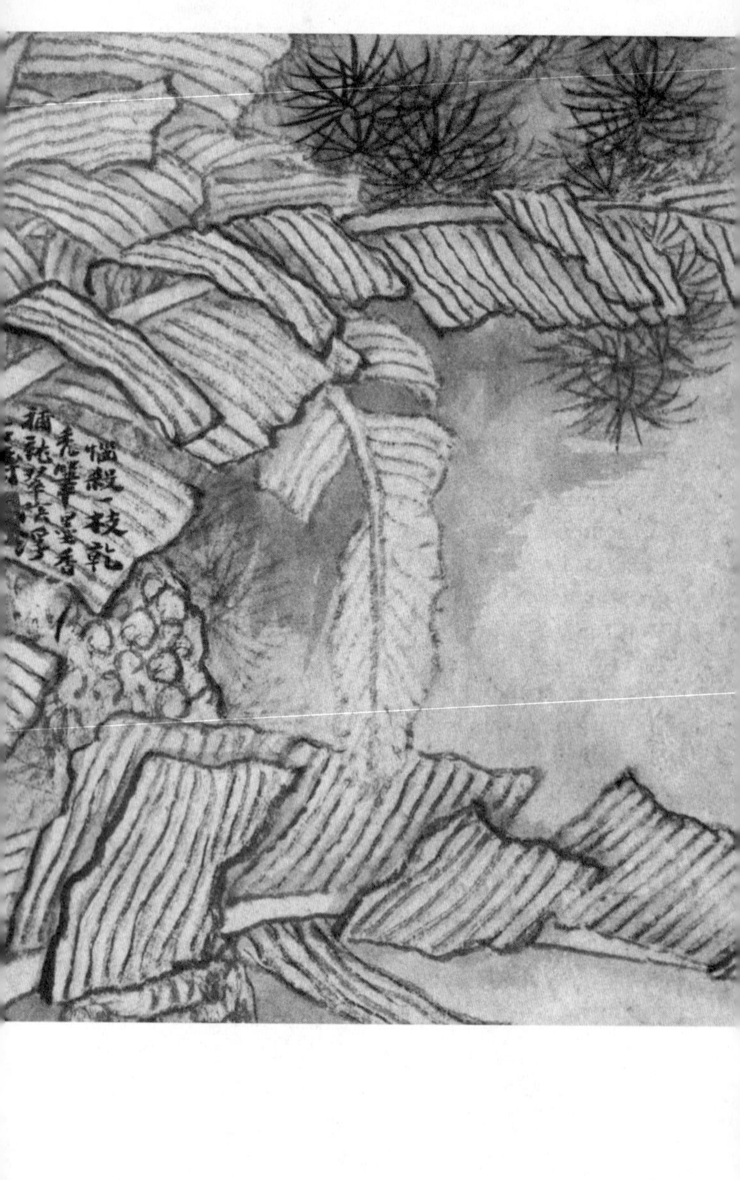

hafte der Pflanze auf einen Ausschnitt. Es entsteht eine überraschende tiefenräumliche Wirkung.
Shitao charakterisiert die breiten Blätter mit ihren welligen Rändern durch gleichmäßige Parallelschraffuren aus einem trockenen, senkrechten Pinsel in lichten grauen Tuschespuren. Dadurch erhält das monochrome Bild eine ausgesprochen graphische Note und erinnert beinahe an eine Kohlezeichnung. Die vielfach mit höchst anschaulichen Vergleichen formulierende chinesische Malereitheorie sähe hier ein Bildgefüge, das „wie mit einer Eisenstange in den Sand geschrieben sei“, *ruzhui huasha*. Um diesen Effekt zu erhöhen, hat der Maler teilweise feuchte Lavis aufgetragen und die Bananenblätter ausgespart, sodass sie sich heller vom Grund abheben. Man könnte fast meinen, der Stil dieses Werks sei durch schriftkünstlerische Qualitäten mit archaisierenden Tendenzen geprägt.
Im scheinbar hellsten Bananenblatt am linken Bildrand, also in die Komposition integriert und nicht wie auf den anderen Albumblättern neben den eigentlichen Bildelementen, platzierte Shitao in vier Kolumnen ein kurzes Gedicht, seine Signatur und das hochrechteckige Siegel mit den beiden Zeichen „Bittermelone“, Kugua:

> Ein widerlich ausgetrockneter, abgenutzter Pinsel!
> Doch füge duftende Tusche hinzu, und verschwenderische Schatten schweben. Shitao.

Abb. 9 **Shitao**

Abschied vom Flussdorf am Weißen Sand, Zurück nach Hause, *1695, Albumblatt, Tusche auf Papier, 16,5 x 10,5 cm, The Metropolitan Museum of Art, New York.*

Im Sommer des Jahres 1695 besuchte Shitao das berühmte Landgut des reichen Salzhändlers Zheng Zhaoxin in Yizheng südwestlich von Yangzhou, das weithin bekannt war unter dem poetischen Namen „Flussdorf am Weißen Sand und im grünen Bambus". Der Künstler war Gast des Kaufmanns und Kunstsammlers Xu Songling, bei dem er im Laufe des Jahres mit verschiedenen einflussreichen Persönlichkeiten in Kontakt kam, unter ihnen Xian Zhu, mit dem er eine denkwürdige Bootsfahrt unternahm. Das Blatt mit dem Titel „Zurück nach Hause" gehört zu einem kleinen Album mit insgesamt 12 Bild- und Gedichtpaaren. Shitao präsentiert darin gleichsam einen Einblick in sein künstlerisches Repertoire: der Stil der Schrift auf den jeweils links angeordneten Albumblättern ist feinfühlig auf die Malerei abgestimmt, auf 6 zauberhafte Landschaften, auf Bambus und Pflaumenblüten, Orchis, Lotos, Chrysanthemen, Bambus und kahle Äste, Narzisse. Der Maler scheint bei seinen Kompositionen den Wandel der Jahreszeiten berücksichtigt zu haben. Brillant variiert er Themen und Stil, Tuschebehandlung und Pinseltechnik. Mutig setzt er seine roten Siegel ein, indem er sie als farbliche Akzente in das Bildgefüge integriert. Shitao hat mit diesem Meisterwerk des intimen Formats ein „Gesamtkunstwerk" hinterlassen, das in seinem Gleichklang von Malerei, Schriftkunst und Poesie das Prädikat *sanjue*, „Drei Einzigartige", verdient. Er widmete es bei seinem Abschied aus Yizheng einem seiner Gastgeber und Gönner, dessen Name nicht genannt wird.

Der niedergeschlagene Besucher aus Qingxiang
  [Shitao]
Kam vorbei, um sich nach alten Freunden
  umzuschauen.
Kein Geld, um einen Berg zu kaufen, auf dem sich
  leben ließe.
So schläft er friedlich, den Kopf in die Hand gebettet.
Sein Blick richtet sich [auf Ziele] jenseits der Flüsse
  und des Himmels.
Doch er hat sein Herz an eine ellenkleine stroh-
  gedeckte Hütte verloren.
In einem leichten Boot fuhrt ihr zusammen umher,
Nicht einmal ein Bootsmann war anwesend,
  der hätte stören können.
Ich schrieb *ting* [Stops] als *guo* [Vorwärts],
  da ich das Boot bestieg.
„Flussdorf am Weißen Sand", Baisha jiangcun,
  ein Abschiedsgeschenk.
„Der Mann unter dem Zweig [Zhu Ruo]ji",
  Zhixiaren [Zhu Ruo]ji.

潦倒清湘客因尋故舊過
買山無力住就柁宿峯寧
放眼江天外縣心寸艸亭扁舟
偕子顧而且了了不僅丁
白多江柳留別
枝下人濟

停書之過
登舟放爾

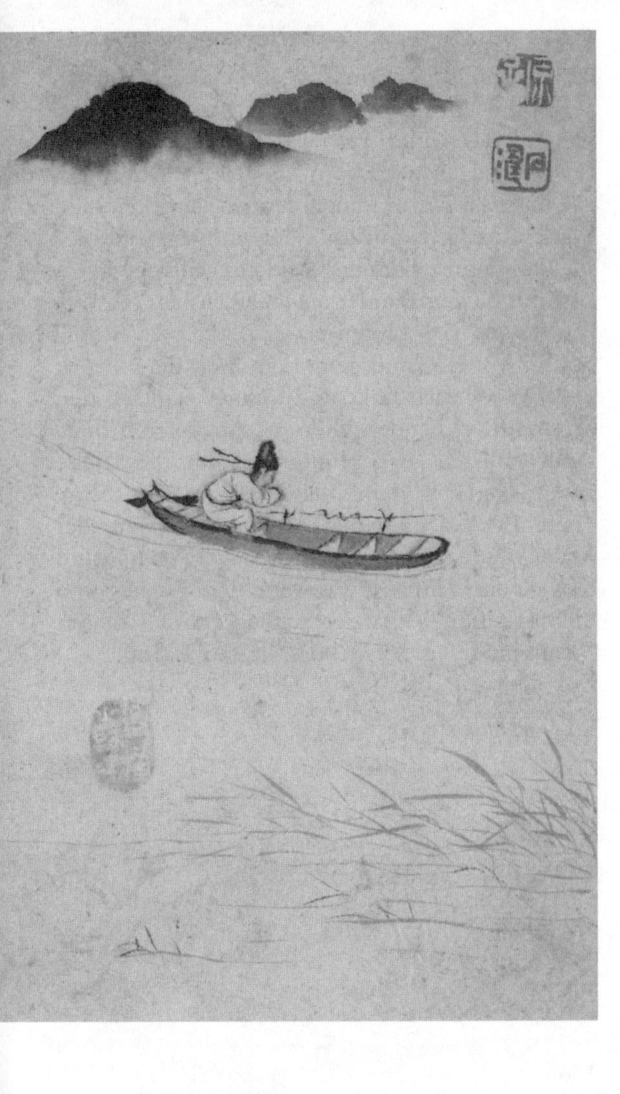

Shitao hat vom „Flussdorf am Weißen Sand" Abschied genommen und ist „zurück nach Hause" aufgebrochen. Tief nach vorn gebeugt sitzt er in seinem Boot und versucht es mit kraftvollen Ruderschlägen nach vorn zu treiben. Die Angel ist eingerollt. Zarte Linien deuten die gekräuselte Wasseroberfläche um das Boot an. Die steife Brise, die dem einsamen Ruderer entgegenbläst, lässt die beiden Bänder an seiner hohen schwarzen Kappe nach hinten flattern. Auch das Schilfgras im Vordergrund neigt sich unter dem Druck des Windes nach links und kündet zugleich den Schutz des nahenden Ufers an. Am oberen Bildrand tauchen drei hintereinander gestaffelte Bergrücken aus dem Nebel auf. In die rechte obere Ecke des kleinen Albumblatts setzte der Maler seine beiden Namenssiegel Yuanji und Shitao; ein drittes etwas verschwommenes und unkonventionell platziertes Siegel lässt sich Shi Yuanji yin lesen, „Siegel des Shi[tao] Yuanji".

Abb. 10 **Shitao**

Landschaft im Stil des Ni Zan, *datiert 1697, Hängerolle, Tusche auf Papier, 47 x 32,2 cm, The Art Museum, Princeton University.*

In dieser feuchten Tuschelandschaft aus dem Jahr 1697 setzt sich Shitao dezidiert mit einem der großen Maler der Vergangenheit auseinander, mit dem Yuan-Meister Ni Zan (1301–1374). Er hatte sich gerade in seinem neuen Studio in Yangzhou eingerichtet, der „Halle der Großen Läuterung". Offenbar malte Shitao die Landschaft zu seinem eigenen Vergnügen, denn sie trägt keine Widmung. In der prominent ins Bild gesetzten Aufschrift eifert der Künstler dem Schreibstil des Ni Zan nach, verwandelt dessen feingliedrige, sehnige Schriftzeichen jedoch mit stärker an- und abschwellendem Pinselduktus in eine durchaus eigenständige Variante:

> Die Malereien des erhabenen Ni Zan sind wie Sande an des Meeres Strand und Kiesel in den Stromschnellen. Sie bewegen sich fort und ergießen sich, als seien sie aus dem „Von-selbst-so-Sein" [der Natürlichkeit], *ziran*, geboren. Da ist nun [in Ni Zan's Malereien] ein Leib des *qi* [Lebensatems], der zugleich leer und belebt ist, pur und blühend reich; dies scheint den Betrachter kalt zu bedrücken. Spätere Generationen haben nur jenen Teil des Meisters nachgeahmt, der trocken, öde, kalt und mehr als zu-

rückhaltend ist. Deshalb haben ihre Malereien nicht eine so imposante Haltung, wenn man sie aus der Ferne betrachtet.

An einem Wintertag des Jahres *dingchou* [1697] von dem „Alten aus Qingxiang, Bittermelone", Qingxiang Laoren, Kugua, eine zufällige Idee, *ouyi.*

Es folgt das Künstlersiegel Qingxiang Shitao. Der zurückgezogen lebende Ni Zan war für seine außergewöhnliche ästhetische Bildung, seinen kultivierten Lebensstil und seinen geradezu zwanghaften Reinlichkeitsdrang bekannt. Er besaß eine umfangreiche Bibliothek und Antiquitätensammlung. Angesichts des nahenden politischen Umsturzes gegen Ende der Mongolenherrschaft verteilte er 1344 seinen Besitz und zog sich auf ein Hausboot zurück. Ni Zan galt schon in seiner Zeit als eine der am stärksten vergeistigten Künstlerpersönlichkeiten. Von all dem spiegelt sich etwas in seinen Malereien, in denen er jede Virtuosität der Handschrift zugunsten eines distanzierten und verfeinerten Vortrags aufgibt: trockene Tusche, die mit schräg gehaltenem Pinsel sparsam aufgetragen wird, schafft eine raue, bisweilen gar spröde Struktur, die den Naturformen nicht mehr in allen Einzelheiten nachzuspüren trachtet, sondern stattdessen eine abgehobene Unbekümmertheit gegenüber Naturtreue erkennen lässt. Er selbst hat es einmal wie folgt ausgedrückt:

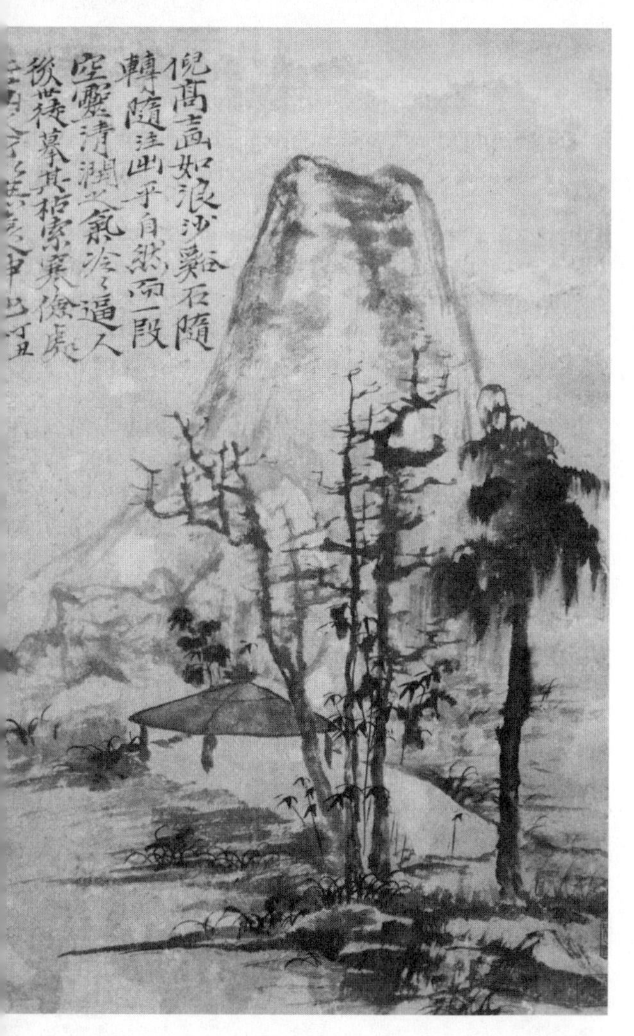
倪高畫如浪沙谿石隨
轉隨注出乎自然而一段
空靈清潤之氣泠泠逼人
後世徒摹其枯索寒儉處

> Was ich als Malen bezeichne, ist eigentlich nichts anderes als ein absichtsloses Niederschreiben ungezwungener Pinselstriche. Ich strebe nicht nach formaler Ähnlichkeit, sondern betreibe es ausschließlich zu meinem Vergnügen.

Shitao hat genau diesen Aspekt in der Kunst Ni Zan's erkannt und angesprochen, wenn er an dessen Malereien die ungefilterte Spontaneität bewundert, die Natürlichkeit, *ziran*, hervorhebt und sein eigenes Bild eine „zufällige Idee", *ouyi*, nennt. *Ziran* ist ein philosophischer Schlüsselbegriff, der wörtlich am besten mit „Von-selbst-so-Sein" übersetzt werden kann. Er bedeutet „Natur", „Natürlichkeit", „Ungezwungenheit", „Spontaneität". Im berühmten, dem Philosophen Laozi (ca. 4. Jh. v. Chr.) zugeschriebenen „Klassiker vom Weg und von der Tugend", *Daodejing*, charakterisiert dieser Ausdruck die auf nichts anderes mehr zurückführbare innere Struktur und Gesetzmäßigkeit des *dao* oder „Weges". Bei der Verwirklichung und Vollendung der Persönlichkeit im *dao* galt allein die Erkenntnis und Anerkennung des eigenen Selbst in allen Lebensäußerungen, Handlungen und Verhaltensweisen als das entscheidende Kriterium jeder „Natürlichkeit", die charakteristisch ist für den idealen Weg, das *dao* des wahren Menschen. Es war das erklärte Ziel daoistischer Adepten, zum Weg der ursprünglichen Natur, gleichsam zum unverfälschten reinen Rohzustand, zurückzufinden und sich ganz auf das

„Von-selbst-so-Sein“ zu verlassen. Das Wort *dao* meint sowohl den Weg zu diesem Urzustand als auch dessen letztendliches Ziel. Mit ihm beschrieb man den wahren Weg der alten Könige und Weisen, den Weg des rechten Verhaltens idealer Menschen. Ist es ein Zufall, dass Shitao in seiner Bildaufschrift diesen daoistischen Schlüsselbegriff just in dem Augenblick verwendet, da er sich öffentlich zum Daoismus bekennt?

Seine Interpretation des Ni Zan geht von dem charakteristischen Bildaufbau des Yuan-Meisters aus: einer einsamen, schmucklosen, strohgedeckten Hütte, ein paar Bäumen und Bambus auf einer nahen Landzunge oder Uferpartie und fernen, jenseits einer ausgedehnten Wasserfläche liegenden Bergen oder Gebirgszügen. Eine so gestaltete Landschaft, die „leer und belebt“, „pur und blühend reich“ zugleich ist, könne den Betrachter bedrücken und ein Gefühl der Isolation und Einsamkeit auslösen. Um die Fehler späterer Nachahmer zu vermeiden, transformiert Shitao die „trockenen, öden, kalten und mehr als zurückhaltenden“ Partien der ätherischen Yuan-Originale des Ni Zan in ein saftiges, mit nassem Pinsel aufgetragenes Tuschespiel. Einzig Grasbüschel und Bambus setzen scharfe, kontrastreiche, Akzente. Die kahlen Bäume werden zu tropfnassen abstrakten Formen mit verlaufenden Rändern. Sie lassen auf eine ganz andere Absicht in der Nutzung der bildnerischen Mittel schließen. Shitao wollte, dass man sein kleines Bild auch „aus der Ferne betrachten“ konnte.

Abb. 11 **Shitao**

Erinnerungen des Dadizi aus Qingxiang an die Sechsunddreißig Gipfel, *um 1697, Hängerolle, Tusche auf Papier, 208,8 x 78 cm, The Metropolitan Museum of Art, New York.*

Den Titel des Bildes hat Shitao in archaisierender *lishu* oder „Kanzleischrift“ an den linken oberen Rand der großen Hängerolle geschrieben: *Qingxiang Dadizi sanshiliu feng yi* – „Erinnerungen des ‚Meisters der Großen Läuterung‘ aus Qingxiang an die Sechsunddreißig Gipfel“. Qingxiang, heute Quanzhou in der Provinz Guangxi im Südwesten Chinas, ist Shitao's Heimat, die er wohl auch als Teil seines Künstlernamens verstanden wissen wollte. Den Namen Dadizi leitete der Maler vom Namen seines Studios her, das er spätestens zu Beginn des Jahres 1697 im Herzen von Yangzhou, Provinz Jiangsu, bezogen und Daditang, „Halle der Großen Läuterung“, genannt hatte. Dieser Studioname geht zurück auf einen bekannten daoistischen Ort in der Nähe von Hangzhou, Provinz Zhejiang, den Berg Dadi, der schon während der Mongolen-Fremdherrschaft bei den Song-Loyalisten Bedeutung erlangt hatte. Seit diesen Jahren – gegen Ende des 17. Jahrhunderts – bekannte er sich öffentlich zum Daoismus, sodass er seinen Freunden in Yangzhou entweder unter seinem buddhistischen Priesternamen Shitao, „Steinwoge“, oder unter seinem daoistischen Pseudonym Dadizi begegnete. Dort wurde der annähernd sechzigjährige „Meister der Großen Läuterung" zu einer zentralen Figur in der Szene der Ming-Loyalisten, besonders nachdem er sich als Spross des gefallenen Kaiserhauses zu erkennen gegeben und seinen ursprünglichen Namen Zhu Ruoji preisgegeben hatte.

Gegen Ende der Ming-Dynastie wandten sich namhafte Maler der Darstellung topographischer Ansichten zu, die sie auf ihren ausgedehnten Reisen skizziert hatten oder die ihnen dank der überwältigenden Landschaftsszenerie in lebhafter Erinnerung geblieben waren. Mit dieser grandiosen Landschaft erinnert sich Shitao an den berühmten Huangshan, den er als junger Mönch auf seiner Wanderschaft in den sechziger Jahren – wohl 1667 – erstmals bestieg. Der Berg Huang liegt nördlich von Shexian (Xin'an), der Hauptstadt der Präfektur Huizhou, in der Provinz Anhui. Lange vor dem Einsetzen des Bergtourismus war der Huangshan nicht einfach ein Gebirge, sondern ein einzigartiges Kunstwerk der Natur mit 36 pittoresken Gipfeln; insgesamt zählt man 72. Der höchste unter ihnen, der Lianhuafeng, „Lotosblütengipfel", erhebt sich bis zu einer Höhe von 1841 m. Traumhafte Stimmung verbreitet das Wolkenmeer, Huanghai oder „Gelbes Meer" genannt, aus dem die Bergspitzen schroff und unnahbar aufragen – wie ein „Fliegender Drache", Feilongfeng, oder eine „Himmlische Zitadelle", Tiandufeng, so die Namen anderer Gipfel.

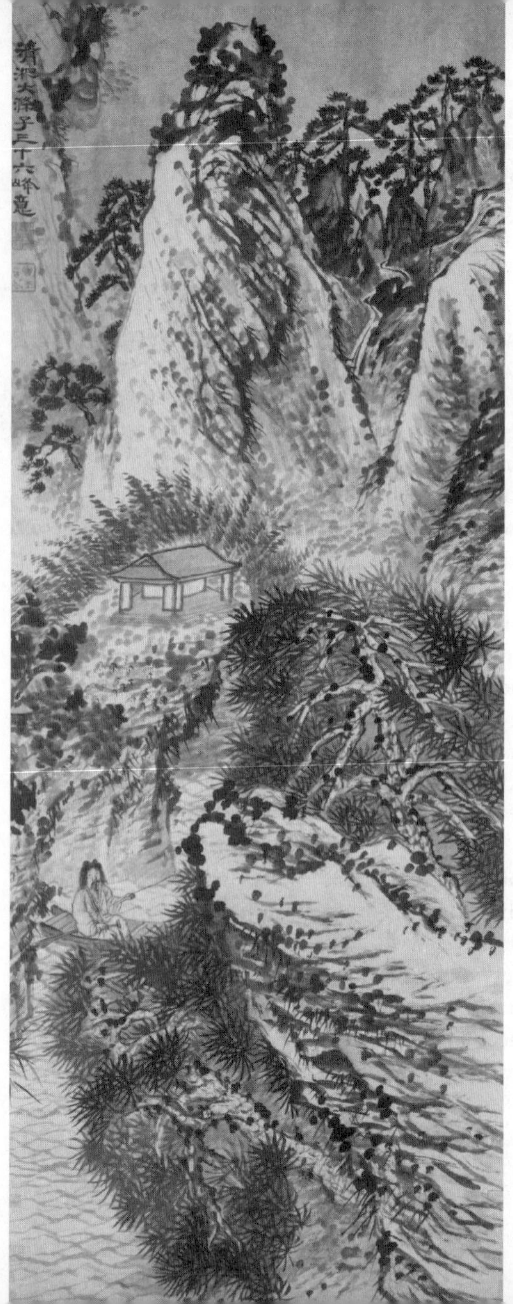
清湘大滌子三十六峰意

Die Harmonie bizarrer Felsformationen, knorriger Kiefern und atmosphärischer Erscheinungen haben durch die Jahrhunderte Dichter und Maler zu immer neuen poetischen und bildnerischen Würdigungen inspiriert: sie machten den Huangshan zur Landschaftsikone. Ursprünglich hieß das Massiv Yishan, „Ebenholzberg". 747 erhielt der „Gelbe Berg" seinen noch heute gültigen Namen Huangshan in Erinnerung an den mythischen „Gelben Kaiser", Huangdi, der hier nach traditioneller Überlieferung am Urbeginn der Zivilisation Kräuter gesammelt haben soll, um daraus einen Heiltrank zur Genesung der Menschheit zu brauen.

Berge sind in China seit alters Opferstätten. Sie dienen Göttern und religiösen Wesenheiten als Sitz. In ihnen nehmen die „Zehntausend Dinge" ihren Anfang, konzentrierten sich die polaren kosmischen Urpotenzen *yin* und *yang*, die in ihrer Gegensätzlichkeit einander ergänzen und den gesamten Kosmos durchflutend zu einer harmonischen Einheit verschmelzen. Aus diesen Gründen wurden Berge schon früh das Ziel von Pilgerfahrten. Doch erst 1606 eröffnete der buddhistische Mönch Pumen auf dem Huangshan das erste Kloster. Nach dem Fall der Ming-Dynastie im Jahr 1644 sowie dem Ausbau der Zugangswege wurde der „Gelbe Berg" zu einem Symbol des ungebrochenen Widerstands und zum beliebten Rückzugsgebiet für *yimin*, die vom politischen Schicksal bitter getroffenen „Hinterbliebenen". Zu ihnen gehörte Kugua Heshang, „Hochwürden Bittermelone“.

Offenbar behielt dieser die 36 Gipfel des Huangshan als eine phantastische wilde Landschaft in Erinnerung, düster und zerklüftet. Hier bettete er mit simultanem Blick die Vergangenheit des buddhistischen Wandermönchs in die Gegenwart des daoistischen Eremiten Dadizi ein. Mit dem Ruder in seiner rechten und einer Angel in seiner linken Hand stellt er sich als einsamer bärtiger Angler mit langem, struppigem Haar vor. Die kraftvolle Pinselsprache mit den dunklen Tuschetupfen, *dian*, und der rauen Texturzeichnung, *cun*, der Berge steigert den Eindruck unzugänglicher Abgeschiedenheit. Die offene, makellos erhaltene Halle im Bambushain bleibt leer, auffallend rein und gleichsam sakral erhöht auf einem gestuften Fundament. Man könnte vermuten, der Maler habe an sein Studio gedacht, die „Halle der Großen Läuterung“, die er in seiner Bilderwelt aus dem realen Kontext löste und in die imaginierte Bergwelt des Huangshan projizierte. Sie mag aber auch ein versteckter metaphorischer Hinweis sein auf die einfache Struktur der „Purpurkammer“, *zifu* oder *zifang* (Gallenblase), in die sich ein daoistischer Adept bei seiner Visualisation des rituellen Leibes zurückzuziehen bemühte, um an diesem stillen Ort Abstand zu gewinnen zum „Gelben Hof“, *huangting* (Milz), dem Zentrum des Körpers und Hof der Riten, zum emsigen Treffpunkt und Treiben aller Bewohner. Zum Zeitpunkt, als Shitao dieses große Bild malte, fühlte und dachte er ganz und gar als Daoist. Es könnte sein, dass ihn ein Wiedersehen mit einer seiner ersten Huangshan-Ansichten aus dem Jahr 1667 zu diesem Werk anregte, die ein Freund 1697 in sein Studio, Daditang, nach Yangzhou brachte, um Shitao dreißig Jahre später um eine Widmung zu bitten.

Der „Gelbe Berg“ ließ den Maler Zeit seines Lebens nicht mehr los. Schon 1667 hatte er als junger respektierter Künstler im Auftrag des Präfekten von Huizhou, Cao Dingwang (1618–1693), 72 Ansichten des Huangshan in einem Album gemalt, rund zwanzig Jahre später, um 1685, schuf er eines seiner bedeutendsten Meisterwerke, das Album mit den „Acht Ansichten vom Huangshan“ im Sen'oku Hakkokan, Sammlung Sumitomo, Kyōto, und schließlich um 1697, zehn Jahre vor seinem Tod, setzte er die „Erinnerungen des ‚Meisters der Großen Läuterung‘ aus Qingxiang an die Sechsunddreißig Gipfel“ des Huangshan – vielleicht auch als politisches Manifest – mit nachhaltiger Eindringlichkeit ins Bild. Es ist eine Landschaft des Geistes, und doch eine real durchwanderte, intensiv erlebte und in der Erinnerung gespeicherte Bergwelt mit dem Idealporträt des Dadizi und seiner Traumwelt jenseits der politischen Realität, ein zeichenhaftes Bekenntnis des Künstlers zu seiner loyalistischen und daoistischen Grundhaltung. Das schwebende Loslassen des eigenen Ichs in Erinnerungen oder

Träumen finden wir des öfteren in Bekenntnissen der Daoisten. Sie sehnten sich nach einem Leben im ständig fließenden Wandel der Natur und nach entrückter Ruhe. Indes versuchten sie nicht, in der endlos sich wandelnden Natur abzutauchen, um dort „zu sich selber zu finden“, sondern um inmitten der Unpersönlichkeit der Berge und Felsen, Wälder und Tiere „sich selbst zu verlieren“.

Abb. 12 **Shitao**

Der Wasserfall am Berg Lu, *ca. 1698–1700, Hängerolle, Tusche und Farben auf Seide, 209,7 x 62,2 cm, Sen'oku Hakkokan, Sammlung Sumitomo, Kyōto.*

Der Lushan, „Hüttenberg", in der Provinz Jiangxi ist eines der geschichtsträchtigsten topographischen Wahrzeichen Chinas. Majestätisch ragt er am nordwestlichen Ufer des Boyang-Sees am Zufluss des Xunyangjiang südlich von Jiujiang bis zu einer Höhe von 1474 m empor. Er ist auf drei Seiten von Wasser umgeben. Seit Eremiten zu Beginn der Zhou-Dynastie um 1000 v. Chr. hier eine „Hütte" errichteten, galt der Lushan als Refugium für weltflüchtige Daoisten und Buddhisten, für Naturfreunde und eskapistische Weise, wie etwa die Dichter Tao Qian (Yuanming, 365–427), Xie Lingyun (385–433) und Li Bai (Taibo, 701–762), der hier hinter den „Fünf-Greise-Gipfeln", Wulaofeng, Schutz und Zuflucht fand, als gegen Ende des Jahres 755 der Aufstand des Rebellengenerals An Lushan das Reich zu erschüttern begann. Zu seinen Ehren wurde später ein Gebäude unterhalb des „Zensorgipfels" als „Li Bai's Studio", *Taibo dushutang*, bezeichnet. Hier lebten und lehrten auch zwei der einflussreichsten buddhistischen Kirchenväter, nämlich Huiyong (332–414) seit 377 im „Westhain-Kloster", Xilinsi, und seit etwa 384 Huiyuan (334–416) im „Osthain-Kloster“, Donglinsi.

Zweifellos hatte Shitao alle diese Assoziationen vor Augen, als er die imposante Hängerolle mit dem Wasserfall am Lushan malte. Er kannte die pittoreske Bergwelt aus eigener Anschauung von einem Aufenthalt unterhalb des „Singenden Kranich-Gipfels“, Hemingfeng, im „Inaugurationskloster“, Kaixiansi, das er als junger Mönch 1664 auf den Spuren seiner buddhistischen Vorfahren aufgesucht hatte, denn hier war sein „Großvater“ Muchen Daomin (1596–1674) zur Erleuchtung gelangt. Wahrscheinlich entstand das Werk zwischen 1698 und 1700, nachdem sich Shitao 1697 definitiv in Yangzhou niedergelassen und das Daditang-Studio bezogen hatte. Dies legt die in diesem Zeitraum verwendete Signatur Qingxiang chenren, „Alter Mann aus Qingxiang“, nahe. Das monumentale Bild trägt keine persönliche Widmung. Es ist mit Tusche und Farben auf Seide gemalt und mag für die repräsentative „Zentralhalle“, *zhongtang*, eines anonymen wohlhabenden Auftraggebers bestimmt gewesen sein, vielleicht eines der kunstbeflissenen Huizhou-Kaufleute. Mehrfach äußerte Shitao seine Abneigung gegenüber Seide als Malgrund, weil er damit den Beigeschmack des Dekorativen und gewisse Zugeständnisse an den florierenden Kunstmarkt jener Tage nicht vermeiden konnte. So entstanden nur wenige Rollen auf Seide von Shitao’s Pinsel.

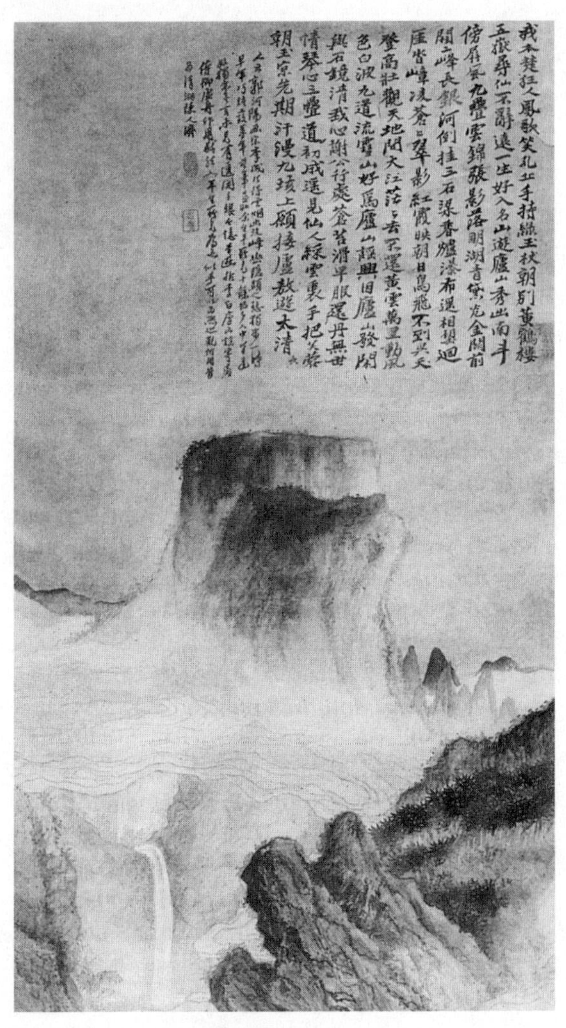
我本楚狂人鳳歌笑孔丘手持綠玉杖朝別黃鶴樓
五嶽尋仙不辭遠一生好入名山遊廬山秀出南斗
傍屏風九疊雲錦張影落明湖青黛光金闕前
開二峰長銀河倒挂三石梁香爐瀑布遙相望迴
崖沓嶂凌蒼々翠影紅霞映朝日鳥飛不到吳天
登高壯觀天地間大江茫々去不還黃雲萬里動風
色白波九道流雪山好為廬山謠興因廬山發閑
窺石鏡清我心謝公行處蒼苔沒早服還丹無世
情琴心三疊道初成遙見仙人綵雲裏手把芙蓉
朝玉京先期汗漫九垓上願接盧敖遊太清

Der Dichter oder Gelehrte in versunkener Betrachtung des Wasserfalls am Lushan ist in der Malerei ein beliebtes Sinnbild für den Abschied und Abstand von einer durch Unrast und Aufruhr bedrohten Welt geworden. Shitao hat sich hier in Begleitung seines „Beschützers“ Hetao dargestellt, mit dem er einst den „Hüttenberg“ bestieg. Klein und unscheinbar auf einem Vordergrundplateau in die grandiose Bergwelt eingefügt, genießen die beiden das Rauschen und den Anblick des Wasserfalls, dessen weiße Gischt durch das Wolkenmeer sichtbar wird. Kiefern, kahle und ein paar belaubte Bäume treten aus dem Nebel hervor, der aus den Schluchten aufsteigt und den unteren Bildrand mit einem dichten Schleier verhüllt. Von rechts schiebt sich ein dreifach vorkragendes Kliff in den Mittelgrund, wohl der dreibeinige „Weihrauchkessel“, Xiangglufeng, und hoch oben über den Wolken erhebt sich das zweifach abgestufte Gipfelplateau. Shitao malte gern Landschaften aus der Erinnerung, auch wenn hier wohl mehr als 30 Jahre zwischen der Lushan-Reise und der aktuellen Umsetzung seiner Natureindrücke liegen. Doch musste er sich für seine Bildidee nicht allein auf sein optisches Gedächtnis verlassen, er konnte sich auch von zahlreichen emphatischen Gedichten auf die Schönheit des Lushan anregen lassen, insbesondere von denen des Li Bai, der mehrere Lobpreise zur Betrachtung des Wasserfalls am „Hüttenberg“ hinterließ:

Der Weihrauchkessel des Berges glüht,
Dass Purpurdampf sich hebt.
Von fern blick ich zum Wasserfall,
Einem ewigen Fluss, der schwebt.
Die Wasser fliegen und branden jäh
Dreitausend Fuß zur Tiefe.
Mir ist, als ob der Silberstrom
Der Sterne vom Neunten Himmel triefe.

(Übers. Günther Debon)

Zweifellos suchte Shitao selbstbewusst eine Identifikation mit dem gefeierten Tang-Dichter, als er sich für eine poetische Paraphrase zu seinem Gemälde entschied. Er wählte Li Bai's „Gesang auf den ‚Hüttenberg' für den Palastzensor ‚Leerboot' Lu [Lu Xuzhou]", das er in voller Länge rechts oben auf der Rolle in 10 Kolumnen niederschrieb. Dass sich Shitao ausgerechnet für das Gedicht entschied, das dem Palastzensor Lu gewidmet ist, hat vermutlich mit dessen Namen zu tun, der gleich lautet wie der „Hüttenberg" (mit einem nur leicht abgewandelten Zeichen geschrieben). Schließlich kommt am Ende des Gedichts noch der legendäre Einsiedler Lu Ao zum Zuge. Lu ist kein seltener chinesischer Familienname. Vielleicht darf man sogar fragen, ob nicht auch der Empfänger oder Auftraggeber der über zwei Meter hohen Hängerolle Lu hieß. Womöglich hat Shitao hier bewusst die assoziativen Möglichkeiten der Sprache rund um den Berg Lu ausgelotet. Sicher scheint indes, dass die kleine stehende Figur im zentralen Vordergrund der imposanten Landschaft den Maler in der Gestalt des Li Bai vergegenwärtigt, der einst schrieb:

Ich bin wahrhaftig der Verrückte von Chu,
Der sich über Konfuzius mit einem Phönix-Gesang lustig macht.
In meiner Hand halte ich einen „Grünen Jade"-Bambuswanderstab
Und mache mich bei Tagesanbruch auf von der „Gelben Kranichhalle" [in Wuchang, Hubei].

Wenn ich nach den Unsterblichen auf den „Fünf Heiligen Gipfeln" suche, beklage ich mich nicht, wie weit entfernt sie auch sein mögen. Mein ganzes Leben lang liebte ich es, in berühmten Bergen umherzustreifen. Der Berg Lu steht in üppiger Pracht neben dem [Gestirn des] „Südlichen Großen Wagens". Wolken verhüllen ihn seidengleich einem neunteiligen Stellschirm. Schatten fallen auf den kristallklaren See, um sich auszudehnen wie indigofarbener Augenbrauenglanz. Das goldene Tor öffnet sich vor mir wie ein Vorhang zwischen zwei Türmen. Der „Silberstrom" [die Milchstraße, der Wasserfall] hängt auf dem Kopf über drei Steinbalken. Der „Weihrauchkessel" und der Wasserfall schauen sich einander aus der Ferne an. Die aufeinander geschichteten Klippen und dicht gedrängten Gipfel erheben sich ins blaugrüne Azur [des Himmels]. Eisvogelgrüne Schatten und rote Wolken verdichten sich in der Morgensonne. Vögel fliegen davon und kommen niemals an, denn die Himmel von Wu sind weit. Das Erklimmen der Höhen belohnt mit einem wunderbaren Blick auf Himmel und Erde. Der mächtige Yangzi

im endlosen Strömen zieht davon und kehrt niemals zurück. Gelbe Wolken haben über zehntausend Meilen den dahintreibenden Wind gefärbt. Weiße Wogen auf den neun Wegen sind fließende Berge von Schnee.
Ich liebe es, den Lushan zu besingen,
Aus der Inspiration vom „Hüttenberg".
Bei einer Rast schaue ich in den „Steinspiegel" [reflektierenden Fels], um mein Herz zu läutern. Grünes Moos bedeckt die Spuren, die Herzog Xie [Lingyun, der Dichter] hinterlassen hat. Nimmst du schon beizeiten verfeinertes Zinnober [Bestandteil vieler Elixiere zur Verlängerung des Lebens] ein, werden weltliche Sorgen von Dir weichen. Wenn das Herz eine dreimal gestimmte Laute ist, gelangt man auf den Weg. Weit über mir sehe ich die Unsterblichen inmitten leuchtender Wolken, zum Hofe im Jadepalast sich begebend mit Lotos in ihren Händen. Vor langer Zeit erhielt ich ein Versprechen, [den Unsterblichen] „Grenzenlos" jenseits der „Neun Peripherien" wiederzutreffen. Ich wünschte, ich könnte Lu Ao mitnehmen und die „Höchste Reinheit" besuchen.

Der „Verrückte von Chu" ist Li Bai, ist Shitao, ist ursprünglich Jie Yu, eine Gestalt der klassischen Antike. Jie Yu soll Konfuzius mit einem Gesang über den Phönix geneckt und ihn vor dem Niedergang der Tugenden gewarnt haben mit den Worten: „Haltet Euch fern! Denn groß ist in dieser Zeit die Gefahr durch jene, die ein Amt bekleiden." Um die „Fünf Heiligen Gipfel", *wuyue*, von denen eingangs die Rede ist, hat sich bis

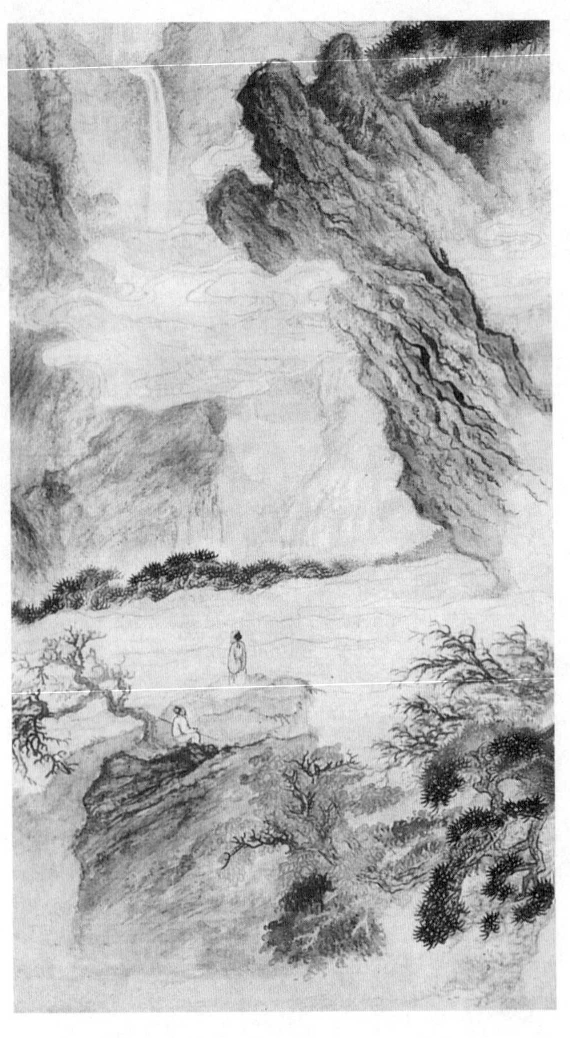

in die Gegenwart hinein ein wahrer Kult erhalten. In allen fünf Kardinalhimmelsrichtungen markieren sie im „Reich der Mitte" nicht nur topographische, sondern auch kosmologische Fixpunkte: der Taishan im Osten (Provinz Shandong), der Hengshan im Süden (Provinz Hunan), der Huashan im Westen (Provinz Shaanxi), der Hengshan (anders geschrieben) im Norden (Provinz Shanxi), und der Songshan im Zentrum (Provinz Henan). Der „Weihrauchkessel", Xianglufeng, ist eine nach ihrer Gestalt benannte Bergspitze des Lushan. Sie bildet einen Teil des „Blühenden Gipfels", Xiufeng, auf der Nordwestflanke des Massivs. Hier öffnet sich dem Besucher des „Hüttenbergs" der spektakulärste Blick auf den „Wasserfall", Pubuquan, der zwischen dem „Zwillingsschwerter-Gipfel", Shuangjianfeng, hervorschießt, als ob sich ein „goldenes Tor wie ein Vorhang zwischen zwei Türmen öffnete". Die „weißen Wogen auf den neun Wegen", die vom Schmelzwasser des „Hüttenberges", den „fließenden Bergen von Schnee", herrühren, verweisen auf die Stromverzweigung des mächtigen Yangzi nördlich des Lushan. Nach ihr ist die Stadt Jiujiang, „Neun-Strom", benannt. Der „Jadepalast" begegnet vielfach als Metapher für die Residenz daoistischer Unsterblicher, mag hier darüber hinaus als direkte Anspielung auf die „Grüne Jadeschlucht", Qingyuxia, vor dem „Blühenden Gipfel" des Lushan verstanden werden. Der in der letzten Zeile auftretende Lu Ao war ein legendärer Eremit, der sich mit einem „Transzendenten“ anzufreunden wünschte, dem er einst im Nordmeer begegnet war. Doch dieser lachte nur über Lu’s Ansinnen, da er unentwegt im grenzenlosen Universum unterwegs war und sich nie lange an einem Ort aufhielt. Schließlich aber stimmte er zu und versprach, sich eines Tages mit Lu jenseits der „Neun Peripherien“ oder „Himmel“ wiederzutreffen. Die „Höchste Reinheit“, Taiqing, ist der am nächsten gelegene und daher am ehesten zu erreichende der drei daoistischen Himmel. Dort leben die Götter und Unsterblichen, „Transzendenten“. Der Himmel „Höchste Reinheit“ ist form- und grenzenlos. Er besteht, wie der Name sagt, aus absoluter Reinheit und kondensierter Energie.

Leicht abgesetzt und in etwas kleinerer Schrift setzt Shitao seine Bildaufschrift fort und erläutert selbstbewusst sein Werk aus kunsthistorischer Sicht:

> Man sagt, Guo Heyang [Guo Xi, ca. 1010–1090] male in der Tradition des Li Cheng [919–967] und erfasse die Aspekte von Wolken und Nebel, wie sie sich formieren und auflösen, sowie von Gipfeln und Bergspitzen, wie sie sich verbergen und hervortreten. Er dominierte seine Epoche. In seinen frühen Jahren war sein Werk einfallsreich und technisch vollendet. In seinen späteren Jahren schwang er den Pinsel mit zunehmender Männlichkeit und Kraft. In meinem ganzen Leben habe ich mehr als zehn seiner Gemälde gesehen, die meisten wurden von je-

dermann hoch gelobt. Ich war der Einzige, der nichts dazu sagte, denn ich konnte in ihnen keine überragende Meisterschaft von Hand und Auge entdecken. Jetzt, da ich mich erinnere an meine Reisen vor langer Zeit, nehme ich Li Bai's Gedicht „Der Gesang auf den Berg Lu für den Palastzensor Lu Xuzhou" und mache daraus ein Gemälde, indem ich meine eigene Manier mit dem verbinde, was ich über die Jahre gesehen habe. Man könnte dies beinahe für Guo Xi's eigene Vision halten. Wozu bedarf es noch der Werke des Altertums?

In der Tat lehnt sich Shitao bei seinem „Wasserfall am Berg Lu" an die grandiosen, durch Li Cheng und Guo Xi geprägten Kompositionen der Nördlichen Song-Dynastie an. Zwar würdigt er Guo Xi, dessen Meisterwerk „Vorfrühling" aus dem Jahr 1072 im National Palace Museum, Taipei, erhalten geblieben ist, als einen der Patriarchen der chinesischen Landschaftsmalerei, doch am Ende kommt er zu dem Schluss, dass ihn seine Reiseerinnerung und ein Gedicht des Li Bai inspiriert hätten. Mit bald 60 Jahren konnte Shitao aus einem unschätzbaren künstlerischen Erfahrungsreichtum schöpfen, sodass er Guo Xi in nichts nachzustehen glaubte, ja sich hier gar als „Guo Xi" der frühen Qing-Zeit wahrnahm. In seinen „Aufgezeichneten Worten zur Malerei", *Huayulu*, schreibt er im 3. Absatz: „Kann ich es dazu bringen, dass ich zu einem Alten werde und ein Alter zu mir wird? In solch einem Fall ist es so, dass man zwar weiß, dass es die Alten gibt, aber nicht weiß, dass es ein Ich gibt. […] Bart und Augenbrauen der Alten können nicht in meinem Gesicht und über meinen Augen wachsen. Die Lungen der Alten kann man nicht meinen Eingeweiden einpflanzen. Ich selbst trage die Klagen mit meinen Lungen vor und zeige meinen Bart und meine Augenbrauen. Sogar wenn es einmal einen Zeitpunkt gibt, an dem sich mit dem und dem alten Meister Berührungspunkte ergeben, dann ist es doch so, dass der und der Meister mir nahekommt, und es ist nicht so, dass ich deswegen zu dem und dem Meister werde. Auf himmlische Weise wurde es mir gegeben, auf diese Weise zu wirken. Wie könnte es sein, dass ich einen der Alten nicht wandeln würde, wenn ich ihn zu meinem Lehrer machte?" Wozu also sollte man alte Meisterwerke sammeln? Man muss den letzten Satz der Bildaufschrift Shitao's bei diesem mutmaßlichen Auftragswerk auf ungeliebter Seide wohl auch mit einem eigennützigen Blick auf den Kunstmarkt in Yangzhou und Umgebung lesen: zeitgenössische Malerei ist um 1700 nach Shitao's Ansicht der Kunst der Altmeister ebenbürtig.

Abb. 13 **Shitao**

Nach Shen Zhou's „Bronzepfau-Tuschereibstein", *ca. 1698–1703, Hängerolle, Tusche und leichte Farben auf Papier, 118,5 x 41,5 cm, The Art Museum, Princeton University.*

Das Bild ist die getreue Kopie eines offenbar verschollenen Werks von Shen Zhou (1427–1509), das aber in mehreren Replikaten überliefert ist. Zwei ehrwürdige, bärtige Gelehrte unterhalten sich im Schatten üppiger Bananenblätter. Diese überlappenden Blattwedel mit ihren feinen parallelen Rippen erscheinen hell ausgespart vor dem gewaltigen dunklen Gartenfelsen, der im Hintergrund die Szenerie überragt. Die beiden Männer sitzen an einem langen niedrigen Tisch einander gegenüber. Der Gastgeber hat auf einem Stuhl mit hoher Rückenlehne Platz genommen. Aufmerksam blickt er seinen Gast an und neigt sich ihm zu, indem er seinen linken Unterarm auf dem Tisch abstützt und mit einer sprechenden Geste seiner rechten Hand etwas zu erklären scheint. Sein Gegenüber sitzt auf einem tonnenförmigen Gartenhocker, *zuodun*. Auch er nimmt engagiert an der Unterhaltung teil, hat seine Rechte im Zeigegestus der Darlegung leicht angehoben, während die Linke nach unten weist, als wolle sie Verständnis oder Zustimmung des Gesprächspartners erwirken. Mimik und Gestik der beiden Protagonisten suggerieren knisternde

Spannung und bekunden hohes emotionales Engagement. Vor den beiden liegt ein rechteckiger Tuschereibstein auf dem Tisch; rechts sind auf einer ausgebreiteten Decke drei mehrbändige Buchausgaben akkurat aufgestapelt. Ein junger Diener mit einem kostbar verzierten Schwert vervollständigt die Szene. Der Vordergrund bleibt leer.

Zwei längere Aufschriften füllen die obere Hälfte der Rolle vollständig aus. Die erste besteht aus zwei Teilen: dem Titel „Gesang auf das Nicht-mit-dem-Schwert-Zerschlagen des Bronzepfau-Tuschereibsteins", *Mozhuo tongqueyan ge*, rechts oben folgt ein Gedicht in 5 Kolumnen; leicht nach unten versetzt schließt sich in 6 Kolumnen ein Prosakommentar an, der gegen Ende auf den 5. Monat im Sommer des 13. Jahrs der Hongzhi [Ära, 1500] datiert ist. Mit geradezu beängstigender Exaktheit und einem hohen Maß schriftkünstlerischen Einfühlungsvermögens imitiert Shitao den Duktus der flüssigen Handschrift des Shen Zhou. Am Schluss steht als „Signatur" dessen Name. Wären da nicht die aufklärenden Anmerkungen des Malers, könnte man Bild und Aufschrift durchaus für ein Werk aus dem Pinsel des einflussreichen Ming-Malers halten. Denn am linken Bildrand gibt Shitao in 3 Kolumnen seiner altertümlichen Kanzleischrift, *lishu*, Auskunft über Inhalt und Hintergründe seiner Kopie. Ganz am Schluss betont er mit Nachdruck, er habe beide Aufschriften geschrieben, d.h. die erste wiederholt, *chongji*, um klar zu machen, dass sein

莫斫銅雀硯歌

拔劍斫瓦直見真斫碎於瞞莫輕重何如掣取六史筆青竹中間劃其統孔子作後無春秋老瞞瞞世虛尊周瓦痕尚刻漢正朔其腹雖大心還羞願留此瓦仍作硯正要子墨點其面漢賊明將漢法誅諱水無聲敢流怨復留此瓦鑒亂臣不見好鳥哭人嗚呼銅雀為何罪我為題詩救其碎

草窗劉先生嘗賦銅雀硯歌有云呼兒開匣取長劍碎斫慎勿留其醜讀之知先生疾操之心蓋之於氣發之於言者是之勁且烈也周懦夫也不能不反聲於破缶故作此詩解其心而頗有時花焉耳弘治十三年夏五月余于王氏察對雨燃下出紙求畫一時不能應命倘檢舊作遂錄以歸請教 沈周

物可斬詩不可轆毁炙於當季之手何所而今以犢瓦移出以斗古之奔駿收易硯之豈為世以發覽噫哉非移耶非易耶亦非遺古也而式近 清湘大滌子重記

Bild nicht als Fälschung, sondern als *bona fide* Kopie des Originals zu verstehen sei.

Worum ging es bei der Unterredung der beiden Gelehrten? In Shen Zhou's *Mozhuo tongqueyan ge* fleht der Besitzer eines antiken Keramik-Tuschereibsteins aus der Han-Zeit (206 v. Chr.-220 n. Chr.) seinen Gast an, das kostbare Stück nicht mit Schlägen seines Schwerts zu zerstören. Der Tuschereibstein war aus einem Ziegel gemacht, der von der sagenhaften „Bronzepfau-Terrasse", Tongquetai, stammte, einem Monument, das der große Kriegsherr und Dichter Cao Cao (155–220) im Jahr 210 am Ufer des Zhang-Flusses im Bezirk Linzhang, Provinz Henan, hatte errichten lassen. Der Gast verachtete Cao Cao zutiefst, was in der Unterhaltung offenkundig wurde und die Gefahr heraufbeschwor, er könne vor Zorn den Tuschereibstein mit dem Schwert zerschlagen. Nach einem Kommentar des 19. Jahrhunderts handelte es sich beim Besitzer des „Bronzepfau-Tuschereibsteins" um den Schriftkünstler und Dichter Wu Kuan (1436–1504). Unter den Gästen sei auch einer der engsten Freunde Wu Kuan's gewesen, nämlich Shen Zhou, und dieser habe den dramatischen Zwischenfall in Wort und Bild festgehalten: Gedicht, Schriftkunstwerk und Malerei müssten fürwahr als „Drei Einzigartige", *sanjue*, gepriesen werden.

Shen Zhou legt die Umstände und historischen Zusammenhänge, die ihn zu seinem „Gesang", *ge*, inspiriert haben, etwa wie folgt dar:

Das Schwert zücken und diesen Ziegel zerstören –
das würde ein Kind tun.
Ein solches Stück zu zerbrechen und zu zerschmettern
störte Cao Man [Cao Cao] nicht im Geringsten.
Wie wäre es, den Pinsel eines großen Historiographen
hervorzunehmen
Und seine [Cao Cao's] Herrschaft aus den
historischen Annalen zu tilgen?
Nach Konfuzius gab es keine weiteren *Chunqiu*
[„Frühlings- und Herbstannalen"].
Der Alte Cao Man hat die Welt vergebens
mit dem Lob der Zhou geblendet.
Auf dem Tuschereibstein ist immer noch die Ära Han
eingraviert.
Obwohl er [Cao Cao] sich äußerst wagemutig gab,
war sein Herz doch ziemlich ängstlich.
Ich möchte, dass Ihr den Ziegel rettet,
damit man darauf Tusche anreiben kann.
Wie nützlich wäre es, seinen Wert heraufzusetzen!
Diese Verräter der Han sollten nach dem Gesetz
der Han gesäubert werden.
Erst jetzt wagt der Zhang-Fluss seinen Groll
still zu äußern.
Es wäre besser, diesen Ziegel als Spiegel
für verräterische Beamte aufzubewahren.
Ich sage, was für einen Fehler hat der „Bronzepfau"
gemacht?
So schreibe ich dieses Gedicht, um den Ziegel
vor der Zerstörung zu bewahren.

Herr Liu Caochuang [Liu Pu, tätig ca. 1436–1456] schrieb einst einen Vers über den „Bronzepfau", in dem es hieß: „Kind, öffne die Truhe und nimm das Schwert heraus! Zerschmettere diesen Ziegel ohne eine Spur zu hinterlassen!“ Wenn man das liest, merkt man, wie sehr er Cao Cao hasste – wie sehr sich sein Ärger angestaut hatte, um ihn in solch grimmigen und entschlossenen Worten zu tadeln. Ich, Shen Zhou, bin ein zu grosser Feigling, der sich nicht einmal beherrschen kann und schon aufschreit beim Geräusch eines zerbrechenden Kruges. Daher habe ich diesen Gesang geschrieben nicht nur, um [Liu's] Zorn zu mildern, sondern auch um etwas zu hinterlassen.

5. Monat im Sommer des 13. Jahrs der Hongzhi [Ära, 1500]. Ich war im Hause eines Verwandten der Familie Wang und wir tranken Wein bei Kerzenschein, als er Papier hervorholte und mich bat, zu malen. Ich konnte seine Bitte nicht auf Anhieb erfüllen. Dann stöberte ich herum und fand ein altes Werk, das ich hier vorlege und zu korrigieren bitte. Shen Zhou.

Die in ihrer archaisierenden schriftkünstlerischen Konzeption klar abgehobene Aufschrift Shitao's am linken Bildrand lautet:

Ein Objekt kann man würdigen, doch ein Gedicht lässt sich nicht verbergen. Da es so kostbar war in jener Zeit [des Altertums], warum sollte man es aus gegenwärtig [aufkommendem] Zorn zerstören? Der Ziegel berührt die Menschen und bewirkt, dass die Zeit vorüberfliegt wie ein galoppierendes Pferd. Es ist aber der Mensch, der den Ziegel in einen Tuschereibstein verwandelt hat. Wie können wir ihn nun als Ursache unserer Sorgen betrachten? Ich fühle mich von dem Ziegel weder berührt, noch möchte ich ihn tauschen. Zudem lasse ich mich nicht von meinem Glauben an die Alten abbringen durch etwas, was erst in jüngster Vergangenheit passiert ist.

Nochmals dokumentiert von dem „Meister der Großen Läuterung" aus Qingxiang, Qingxiang Dadizi.

Mit dieser komplexen Kopie bezeugt Shitao nicht nur seine Bewunderung und genauen Kenntnisse der Werke des Shen Zhou, sondern auch sein Interesse an Antiquitäten, an Tuschereibsteinen, an historischen und ethischen Dimensionen. Zudem stellt er seine Versiertheit unter Beweis, sich Stil und Pinselsprache eines älteren Meisters in Bild und Schrift anzueignen und originalgetreu zu reproduzieren.

Abb. 14 **Shitao**

Bambus, Orchis und Felsen,
um 1700, Hängerolle, Tusche auf Papier, 72,5 x 51 cm, Arthur M. Sackler Gallery, Smithsonian Institution, Washington, D.C.

Bambus und Orchis, meist in Verbindung mit Felsen, sind ein klassisches Thema der Literatenmaler, das auch von künstlerisch ambitionierten Chan-Mönchen gern aufgegriffen wurde. Shitao scheint bei diesem Bild seinem Pinsel freien Lauf gelassen zu haben. Sein massiver, abgeschliffener Felsen dominiert das rechte untere Bilddrittel, hinterlässt in seiner unbemalten Mitte dennoch das Gefühl gestaltloser Leere. Es sind die Konturen, die ihm im Verein mit den sparsamen feuchten grauen Tupfen in der Binnenzeichnung und am unteren Rand körperhaftes Volumen geben. Zwei stärker strukturierte Felsen in dunkleren Tuschewischern mit Effekten des „überflogenen Weiß", *feibai*, treten links hinter dem Hauptfelsen hervor. An dessen oberen Rand akzentuieren tiefschwarze Bambusblätter an dünnen Stengeln das Zentrum, und ein etwas kräftigerer gerader Stamm wächst mit zarteren grauen Blattbüscheln nach rechts empor. Er betont die kompositorische Diagonale, durch die sich die Bildelemente in der linken unteren Ecke konzentrieren. Zugleich gelingt dem Maler mit der feinen Tuschenuancierung die Andeutung einer tiefenräumli-

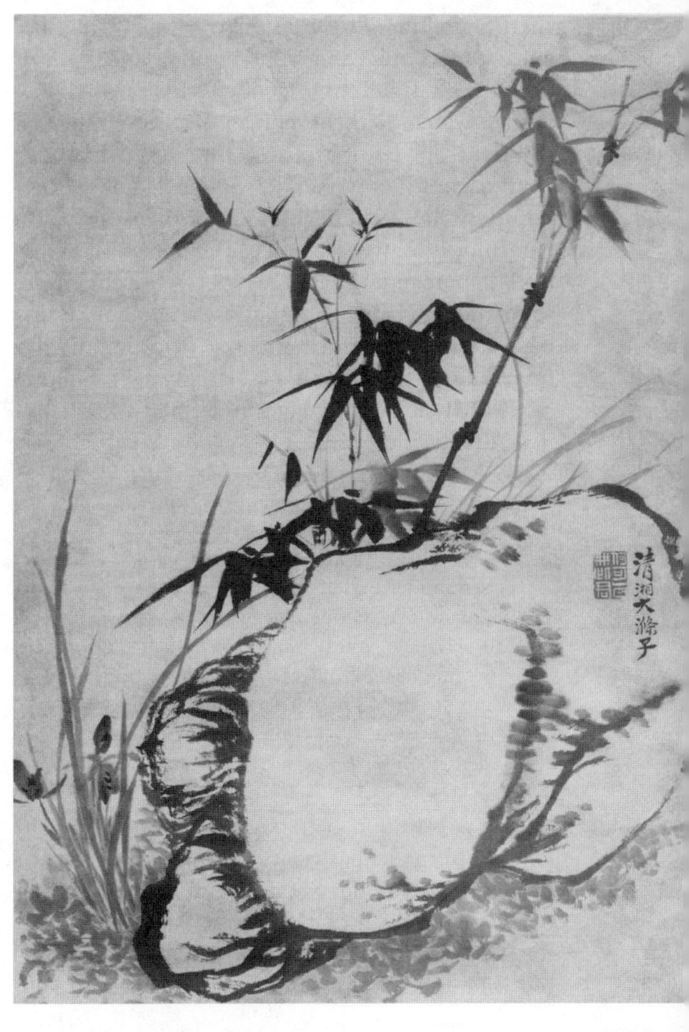
清湘大滌子

chen Staffelung. Links unten wächst unscheinbar eine Orchis mit drei Blüten und langen, weit nach rechts ausschwingenden Blättern. Diese verraten Shitao's Sicherheit in der Pinselführung, während die Bambusblätter mit ihren überwiegend nach unten weisenden Spitzen seine schriftkünstlerische Beherrschung erkennen lassen. In der Bildmitte, wo schwarze und graue Bambusblätter ineinandergreifen, werden wir Zeugen des spontanen Schaffensprozesses: die grauen Bambusblätter waren noch nicht getrocknet, als der ungeduldige Pinsel mit satter schwarzer Füllung rasch über sie hinwegfegte und einen verwaschenen Effekt hinterließ. Der große Yuan-Meister Zhao Mengfu (1254–1322) bemerkte zu einem ähnlichen Bildthema, wie es Shitao hier behandelt:

> Felsen in [der Pinseltechnik des] „überflogenen Weiß",
> Bäume in der „Großen Siegelschrift".
> Das Skizzieren von Bambus erfordert auch die Beherrschung der „Acht Methoden" [der Schriftkunst].
> Wenn da jemand ist, der dies beherrscht,
> Muss er wissen, dass Schriftkunst und Malerei denselben Ursprung haben.

Shitao wusste und beherzigte das von allem Anfang an. Vergleichbare, datierte oder sicher einzuordnende Werke des Shitao legen eine Datierung der Hängerolle mit „Bambus, Orchis und Felsen" um 1700 nahe. Auch die Signatur am rechten Bildrand „Meister der Großen Läuterung aus

Qingxiang, Qingxiang Dadizi“, und das begleitende Siegel Heke yiri wucijun, „Wie kann ich [auch nur] einen Tag ohne diesen Gentleman sein?“ sprechen dafür.

Shitao greift mit seinem Mottosiegel weit in die Geschichte der chinesischen Kunst zurück. Kein Geringerer als Wang Huizhi (gest. 388), der Sohn des gefeierten Schriftkünstlers Wang Xizhi (303–361), soll einst seine Liebe zum Bambus mit diesem programmatischen Bekenntnis bezeugt haben. Doch zu einem geflügelten Wort wurde es erst im Kreis der Song-Literaten um Su Shi (Dongpo, 1037–1101), für die Bambus und Orchis zu den Edlen gehörten. In der frühen Ming-Zeit (1368–1644) etablierten sich die „Vier Gentlemen“, *sijunzi*: Pflaumenblüten, Orchis, Chrysanthemen und Bambus, die zugleich die vier Jahreszeiten repräsentieren. Seinen Ursprung hat der Vergleich von Orchis und Bambus mit den Tugenden eines Gentleman freilich schon in den ältesten Gedicht- und Liedsammlungen Chinas aus vorchristlicher Zeit, im „Buch der Lieder“, *Shijing*, und in den „Elegien von Chu“, *Chuci*.

Über den optisch formalen Reiz hinaus hat sich der Bambus, *zhu*, in China den Menschen besonders eingeprägt, weil er seit Jahrhunderten fundamentale ethische Werte verkörpert: sein gerader Wuchs wird mit dem lauteren Charakter eines vorbildlichen Menschen verglichen, sein harter, regelmäßiger, biegsamer Stamm mit der inneren Geradlinigkeit und bei aller flexiblen

Nachgiebigkeit doch unbeugsamen Standhaftigkeit und Festigkeit eines Edlen, seine im Wechsel der Jahreszeiten unverändert frischen, grünen Blätter mit der Beständigkeit, Widerstandskraft und unerschütterlichen Treue eines sittlich mustergültigen Charakters. Hinzu kommt seine scheinbar im Widerspruch zur Stärke stehende innere Hohlheit. Alle diese Tugenden besitzt der Bambus in schlichter, unaufdringlicher Form, und es ist kein Wunder, dass man in Literatenkreisen die von ihm sinnbildhaft verkörperten ethischen Persönlichkeitswerte, wie Aufrichtigkeit, Kraft, Schlichtheit oder Reinheit, zutiefst bewunderte.

Auch die bildkünstlerische Behandlung der Orchis (Epidendron), *lan*, mit ihren geschmeidigen, dünnen, langen Blättern und unscheinbaren, exquisiten Duft verströmenden Blüten bot den Literati bei ihrem spielerischen Umgang mit Pinsel und Tusche Gelegenheit zu unmittelbarer Niederschrift ihrer Einsichten und persönlichen Empfindungen. Dabei stand nicht etwa geschliffene Virtuosität im Vordergrund, sondern oft eher eine bewusst kunst- und anspruchslose, spielerische Unbekümmertheit. In der chinesischen Poesie war die im Verborgenen blühende Orchis seit ältester Zeit Sinnbild unantastbarer Reinheit und selbstloser Bescheidenheit. Einfühlsam rühmten zahlreiche Dichter ihre Beschwingtheit und vornehme Zurückhaltung, und so begegnet man ihr nicht selten als Metapher für unaufdringliche weibliche Eleganz, harmonischen Duft und selbstgenügsame

Freude. Li Bai (Taibo, 701–762) widmete ihr folgende Verse:

Orchis blüht allein im Gartenwinkel,
Von des Unkrauts Menge ganz verdeckt.
Mag ihr leuchten noch die Frühlingssonne,
Ist es bald, dass sie der Herbstmond schreckt.

Denn wenn Tau frühmorgens niederrieselt,
Welkt ihr grüner Liebreiz allzu leicht.
Doch – wenn nie die frischen Winde bliesen,
Gäb es einen, den ihr Duft erreicht?

(Übers. Günther Debon)

Der *locus classicus* für die Orchis aber ist das berühmte Klagelied „Begegnung mit dem Leid“, *Lisao*, vielleicht das einzige authentische Werk des Qu Yuan (343?–277 v. Chr.), das den Auftakt zu den „Elegien von Chu“, *Chuci*, bildet. Es gilt als verschlüsselte Selbstdarstellung des Dichters, der sich als Minister am Hofe des Königs Huai von Chu (r. 328–299 v. Chr.) immer wieder Intrigen, Missverständnissen und Verleumdungen ausgesetzt sah und schließlich – seines Amts enthoben – nach Jahren ziellosen Umherirrens im Exil deprimiert seinem Leben ein Ende setzte, indem er sich in die Fluten des Miluo-Flusses stürzte. Immer wieder greift Qu Yuan in seiner Elegie das Bild der Orchis auf:

Es wurde dunkel, und der Tag senkte sich
zur Neige.
Verschlungene Orchis –
ich wartete in Unentschlossenheit.
Die trübe, unreine Welt,
die keine Unterschiede macht,
Trachtet stets danach, Schönheit zu verbergen
aus Eifersucht.

Sein unangefochtenes, beharrliches Streben nach Reinheit und Unbestechlichkeit im Angesicht leidvoll erfahrener Ungerechtigkeit musste Qu Yuan – der Orchis gleich – zwangsläufig von seiner Umwelt isolieren. In der Gestalt des verkannten und verstoßenen Staatsmannes kristallisierten sich die verschiedensten Vorstellungen, „die alle die Einsamkeit des Individuums inmitten der Masse der gewöhnlichen, so aufreizend sicher dahinlebenden Menschen zum Inhalt hatten. In Qu Yuan lässt sich der Nachfahre all der vielen Staatsmänner des ‚Buchs der Lieder' wiederentdecken, die vergeblich gegen die Ungerechtigkeit ihrer Herrscher protestierten. Er verkörperte aber genauso das Schicksal jener Verbannten, deren ‚Hinaussenden' an die Grenzen der kultivierten Welt Teil eines Opfers war, durch das die Bewahrung der Kultur gesichert werden sollte. Darüber hinaus stellte er mit seinem Beharren auf Reinheit eine Inkarnation jener selbstverbannter ‚Flüchter' dar, die den Regierungssitz im Zentrum mieden, solange dort nicht absolute Sauberkeit herrschte"

(Wolfgang Bauer, *Das Antlitz Chinas*, S. 57). Vor diesem Hintergrund wurde zur Yuan-Zeit (1279–1368), als viele Chinesen unter der Herrschaft der aus ihrer Sicht barbarischen Mongolen zu leiden hatten, die Orchis vor allem in Künstler- und Intellektuellenkreisen zum Emblem standhafter Integrität und ungebrochener Loyalität gegenüber der gestürzten Song-Dynastie und damit – besonders wenn sie als graphisches Linienspiel auf leerem Malgrund erschien, also nicht von einem festen (durch die Fremdherrscher geraubten) Boden emporwachsend dargestellt wurde – zum Wahrzeichen des politischen und geistigen Widerstands im Untergrund. Jahrhunderte später und *mutatis mutandis* mögen auch Shitao angesichts seines persönlichen Schicksals als „verhinderter" Nachkomme der von den Mandschu gestürzten Ming-Dynastie immer wieder solche Bilder durch den Kopf gegangen sein, wenn er den Pinsel zum Malen oder Schreiben aufs Papier senkte.

Abb. 15 **Shitao**

Lotos in einer Vase, *um 1700, Hängerolle, Tusche auf Papier, 38,9 x 23,2 cm, Shanghai Museum.*

Der Lotos gehört in Chinas Poesie und Malerei zu den vielschichtigsten und am euphorischsten gepriesenen Symbolen. Er ist eine Seerosenart, *Nelumbo*, die vom Lotus, einem Hornklee aus der Familie der Schmetterlingsblütler, zu unterscheiden ist. Im Chinesischen hat der Lotos verschiedene Namen, die gebräuchlichsten sind *lian* und *he*. Sie treten aufgrund ihrer Lautgleichheit in unterschiedlichsten Assoziationen auf. *He* wird gern mit „Harmonie“ und „Einheit“ in Verbindung gebracht und im weiteren Sinn mit harmonischem Eheglück. In üppiger Pracht weckt der Lotos erotische Gefühle und Assoziationen an unwiderstehlich schöne Frauen. Er ist das Attribut mancher Gottheiten und Heiliger aus dem daoistischen und buddhistischen Pantheon. Im religiösen Kontext steht er für die unbefleckte Reinheit, weil er stolz auf hohen Stengeln im Schlamm des Teiches wurzelnd seine unbefleckte Blütenpracht entfaltet. Die komplexe mikro- und nanoskopische Oberflächenstruktur seiner Blätter reduziert die Haftung mit Schmutzpartikeln auf ein Minimum. Daher bezeichnet man die geringfügige Benetzbarkeit der Blätter als „Lotoseffekt“: das Wasser perlt in Tropfen ab und

朱絲抽玉琴錦帶結同心鳳女名鄉里
檀郎字藁砧宮梅萼鬢滿宮燭綠船
深嘉會稱良辰千金擬寸陰
清湘老人書梁佩蘭賀友新婚作

reinigt dabei gleichsam die Blattoberfläche. Im „Westlichen Paradies" des Buddha Amitābha werden die Seelen der Verstorbenen aus Lotosblüten wiedergeboren und entgehen so der Befleckung im Mutterschoß. Noch heute finden wir vor dem Eingang zu buddhistischen Klosterbezirken, in Palastanlagen oder aristokratischen Gärten prachtvolle Lotosteiche. Vor dem „Osthain-Kloster", Donglinsi, am Lushan soll der Dichter Xie Lingyun (385–433) einen Teich mit blauem Lotos angelegt haben, von dem Shitao's Lieblingsdichter Li Bai (Taibo, 701–762) in einem Gedicht spricht: „Ich brach zum Kloster des ‚Blaulotos' auf." Einer der „Pinselnamen" des Li Bai war „Blaulotos". Sprichwörtlich für seine Lotosliebe und damit leuchtendes Vorbild für konfuzianische Reinheit und Lauterkeit wurde der Neokonfuzianer Zhou Dunyi (1017–1073), auf den sich so manche späteren Künstler in Bildern und Gedichten berufen.

Auch Shitao liebte Lotos, pries ihn in Gedichten und malte ihn in Tusche und in Farben. Auf einem gegen Endes des 17. Jahrhunderts entstandenen Lotos-Albumblatt schrieb Shitao einen reizvollen Sieben-Zeichen-Vierzeiler:

Es ist, als ob man den Duft des Herbstwassers
riechen könnte.
Es gibt absolut keine Blumenschatten
in den majestätischen Mauern.
Anmutig auf den grünen Wellen treibend –
Du bist ebenso rein und fließend.

Shitao ging bei seinem Stillleben „Lotos in einer Vase" nicht von einem eigenen Gedicht, sondern von Versen des hohen Beamten Liang Peilan (1632–1708) aus. Liang stammte aus Kanton und genoss hohes Ansehen als Dichter und Schriftkünstler. In seiner Heimatstadt gründete er eine Literaturgesellschaft unter dem Namen *Lanhushe*, „Orchis-See-Klub", wobei das *lan* seines Namens „Orchis" bedeutet. Die Literaturgeschichte zählt ihn zu den „Sieben Meistern von Lingnan", *Lingnan qizi*. Wahrscheinlich hat Liang Peilan dieses Lotosbild bei Shitao in Auftrag gegeben. Da *lian*, „Lotos", lautgleich ist mit einem der Wörter für „Liebe" sowie mit dem Begriff „Verbindung, eheliche Vereinigung", wurden Lotosbilder gern als sinnfällige Hochzeitsgeschenke dem Bräutigam überreicht. Eine Lotosblüte mit Blatt, Knospe und abgeblühtem Fruchtboden, wie sie Shitao hier in einer Vase darstellt, bringt den Wunsch nach „Eintracht, ununterbrochenem Glück und vollständiger Vereinigung" zum Ausdruck. Zudem verheißt eine Lotosfruchtkapsel, *lianpeng*, mit ihrem reichen Samen Fruchtbarkeit und zahlreiche Nachkommen. Die diesem Stillleben zugrundeliegenden Verse des Liang Peilan schrieb Shitao in flüssiger „Kurrentschrift", *xingshu*, in drei Zeilen an den linken Bildrand und signierte mit „Alter Mann aus Qingxiang", Qingxiang Laoren. Daraus wird man wohl eine Datierung des Werks um 1700 ableiten dürfen.

Shitao hat sein Stillleben „Lotos in einer Vase" mit wässrigen Tuschewischern und akzentuierenden dunklen Pinselzügen gemalt. Kontrastreich spart er die üppige weiße Blüte aus dem großen lappigen Blatt mit seinen verzweigten schwarzen Adern aus. Dahinter erscheint am oberen Rand eine kleine Knospe; der abgeblühte Fruchtboden hängt schlaff nach unten. Ein feines „Eiscraquelé" deutet die Haarrisse in der Glasur auf der Oberfläche der schlanken Keramikvase an. Shitao mag für dieses und andere Lotosbilder von Xu Wei (1521–1593) angeregt worden sein, den er in seinem teils verwegenen, expressiven Spiel mit Pinsel und Tusche bewunderte. Wahrscheinlich stand dessen „Ein-Zweig-Halle", Yizhitang, bei der Wahl des Studionamens Pate, als sich Shitao während der achtziger Jahre bei Nanjing, Provinz Jiangsu, niedergelassen hatte und dort auf einem Klostergelände den „Ein-Zweig-Pavillon", Yizhige, zu seinem künstlerischen Lebenszentrum machte.

Abb. 16 **Shitao**

Ausflug zur Grotte von Meister Zhang, *um 1700, Handrolle (Detail), Tusche und Farben auf Papier, 46,8 x 286 cm, The Metropolitan Museum of Art, New York.*

Shitao eröffnet seine im wahrsten Sinne des Wortes zauberhafte, verwunschene Landschaft mit sechs großen, tiefschwarzen Schriftzeichen in altertümlicher *lishu*: *You Zhang gong dong tu*, „Bild des Ausflugs zur Grotte von Meister Zhang". Links daneben siegelte und signierte er sein Werk: Qingxiang Shitao, „Steinwoge aus Qingxiang". Die Daoisten schufen in ihrer phantasievollen Kosmologie legendäre „Grottenhimmel", *dongtian*. Nach ihren Vorstellungen waren Höhlen magische Kräfte spendende Paradiese im Erdinnern, in denen sich die polaren schöpferischen Aspekte der Natur kristallisieren und die visionären Kontraste des *yin* und *yang* im Hell und Dunkel spiegeln. Die Grotte von Meister Zhang zählten sie als 58. zu den von der Natur gesegneten Orten des Kosmos, den 72 „Glücksländern", *fudi*. Hier siedelten sie in ihrer Paradiestopographie eine fiktionale Gestalt aus dem Buch *Zhuangzi*, „Meister Zhuang", an: den rätselhaften Einsiedler Gengsang Chu, der ein Schüler des berühmten Philosophen Laozi (ca. 4. Jh. v. Chr.) gewesen sein soll. Einer alten Überlieferung zu-

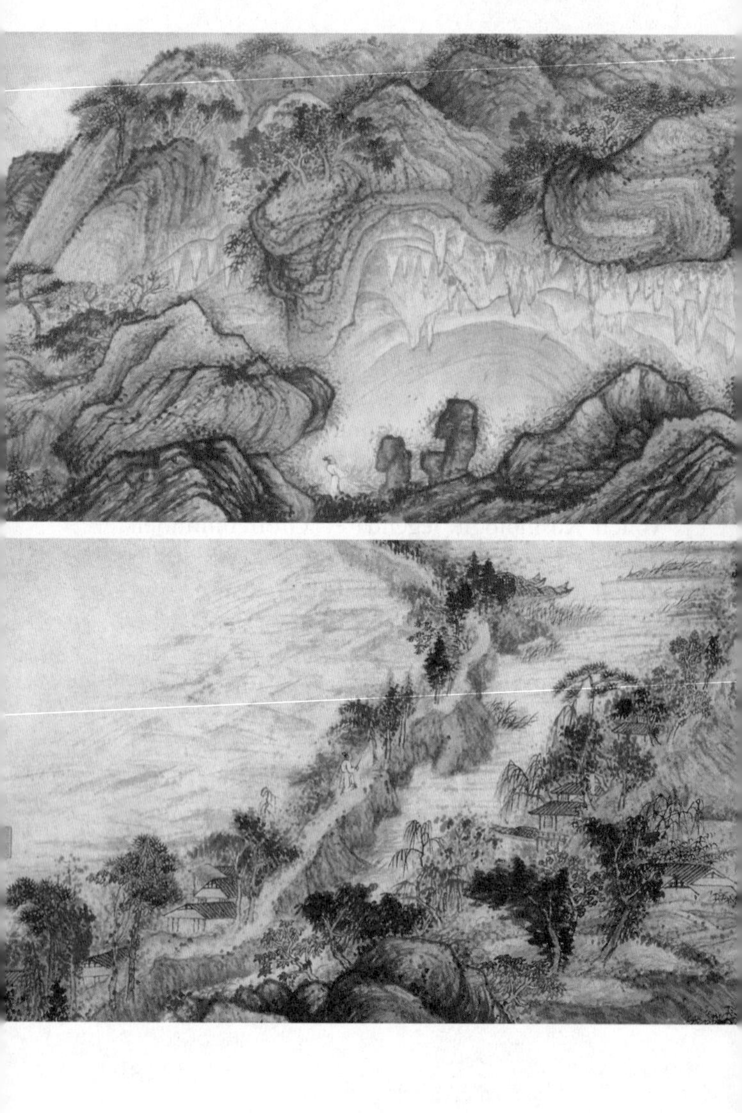

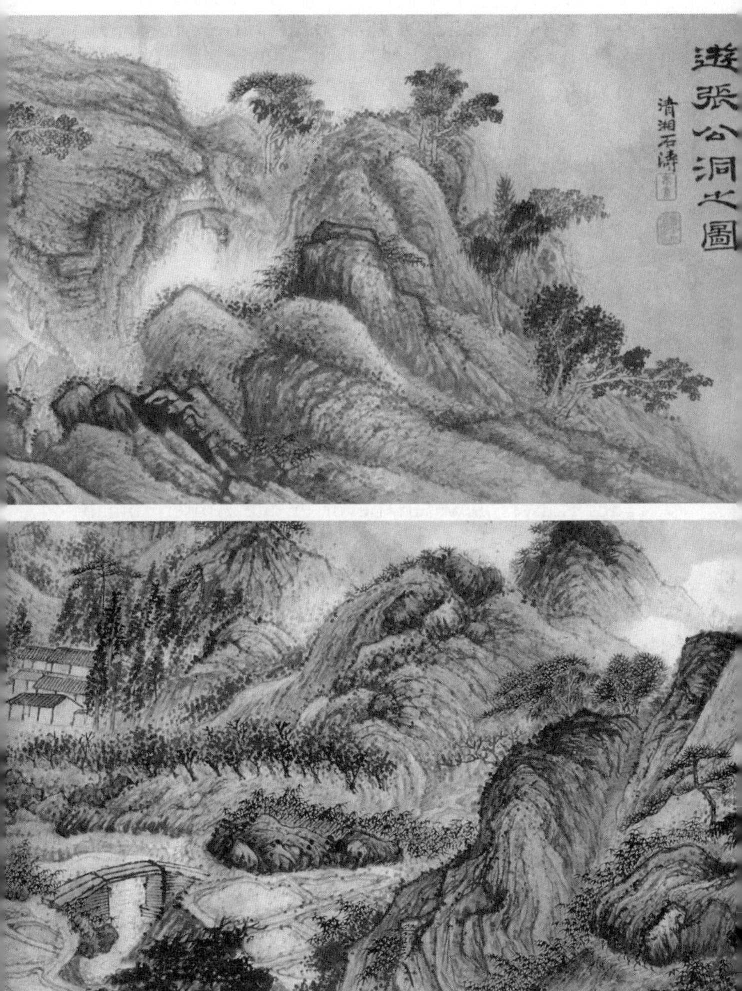
遊張公洞之圖
清湘石濤

folge ist die Grotte nach dem 156 gestorbenen daoistischen Patriarchen der Han-Zeit, Zhang Daoling, benannt. In der liturgischen Tradition war er der erste „Papst" der Daoisten, der „Himmlische Meister der Drei Himmel", dem sich Laozi bei seiner Rückkehr im Jahr 142 offenbart haben soll, als Zhang Daoling zurückgezogen in einem der heiligen Berge im Norden der Provinz Sichuan lebte. Die Zeit- und Ortsverschiebung bei der Begegnung mit Gestalten der Ewigkeit ist ein häufig wiederkehrendes Motiv. Während der Tang-Zeit (618–907) diente die *Zhang gong dong* angeblich einem der „Acht Daoistischen Unsterblichen", Zhang Guolao, als Refugium. Dieser war ein eminenter Staatsmann und Berater des Kaisers gewesen, bevor er alle Ämter aufgab und sich zu einem Eremitendasein entschloss. Wenn ihn die berüchtigte Kaiserin Wu Zetian (r. 690–705) an den Hof zitierte, gab er vor, gerade das Zeitliche zu segnen. Er hatte die Fähigkeit, sich unsichtbar zu machen und pflegte rückwärts auf einem Wundermaultier zu reiten, das er in ein zusammenfaltbares Papiertier verwandeln und in die Tasche stecken konnte. Mit Wasser besprenkelt, ließ sich das weiße Maultier mühelos reanimieren.

Die tiefe, verzweigte und ausgedehnte Zhang-Grotte liegt am Westufer des „Großsees", Taihu, südwestlich von Yixing im Süden der Provinz Jiangsu. Der Weg zur Grotte beginnt in Hufu südlich von Yixing. Die vordere und hintere Hauptgrotte sind zusammen rund 3000 qm groß, und in der Gesamtlänge erstreckt sich die *Zhang gong dong* über mehr als 1000 m. Zweiundsiebzig der zahllosen Nebengrotten haben spezielle Namen erhalten, in denen sich Vorstellungen daoistischer Transzendenz sowie Assoziationen an die Herstellung des Elixiers der Unsterblichkeit spiegeln. Einige dieser markanten Stellen der Grotte kennzeichnete Shitao in seinem Bild mit winzigen Kanzleischriftzeichen. Der Ming-Gelehrte Wang Shizhen (1526–1590), einer der führenden Theoretiker und Kritiker der orthodoxen Literaturszene am Ende des 16. Jahrhunderts, hat in seinen 1575 veröffentlichten „Gesammelten Werken des Bergeinsiedlers von Yanzhou", *Yanzhou shanren sibugao*, einen höchst anschaulichen Reisebericht zur Grotte von Meister Zhang hinterlassen. Er beschreibt zunächst die genaue Reiseroute mit dem Boot und schwärmt dann von der überwältigenden Schönheit im Innern der gigantischen Grotte, von den farbigen Stalaktiten, die von der Decke hängend immer phantastischer geworden seien, je weiter man in die Grotte eingedrungen sei. Die bizarren Felsen hätten springenden Drachen geglichen, vorpreschenden Löwen, kauernden Elefanten, fliegenden Himmelswesen und fremden buddhistischen Mönchen. Schließlich bezweifelt der kritische Wang Shizhen allerdings, dass die *Zhang gong dong* etwas mit Zhang Daoling oder mit Zhang Guolao zu tun habe. Shitao mag die Schilderung des Wang Shizhen oder ähnliche

Reiseberichte gekannt haben. In seinem eigenen Kolophon am Ende der Rolle geht der Maler auf die mystischen Eigenschaften der Grotte und deren künstlerische Umsetzung ein:

> Meister Zhang's Grotte steht leer, doch aus dem Innern weht eine frische Frühlingsbrise. Wer weiß, woher die Frühlingsbrise kommt? Sie ist entstanden, um viele Tausende anzuhauchen mit den geheimnisvollen Wahrheiten der Schöpfung. Von solchen Wundern ist selten die Rede – nur vage Anspielungen werden gemacht in Bildern der Menschen. Ich aber will ihren Geist, ihr Geheimnis einfangen. Die Grotte, dunkel und melancholisch wie ein seltsamer, ruheloser Mensch, nötigt die Welt zur Aufmerksamkeit. Begibst du dich in die tiefen Geheimnisse ihres Inneren, scheint ihr Aussehen Tigern und Leoparden zu gleichen. Siehst du es nicht? Diese Spalte [des Universums] wiederherzurichten war wie das Komponieren eines Gedichts. [Die mythische Schöpfungsgöttin] Nüwa scheute keinen Aufwand beim Veredeln der Felsen. Bäume und Gipfel dieser Mischung beigefügt wirken wie Flügel [der Höhle]. Elegant und veredelt sieht sie aus wie ein geläuterter Herr. Oh Grotte, du bist in mein Gemälde eingedrungen! Ruhig und versteckt liegst du da. Dein Rot und Purpur sind noch immer leuchtend. Du bist eine Landschaft in dir selbst. Ehrerbietig aufgezeichnet vom „Meister der Großen Läuterung" aus Qingxiang.

Shitao malte die grandiose Grottenlandschaft um 1700. Dabei griff er für seine Bildidee auf eine Komposition des großen Ming-Meisters Shen

Zhou (1427–1509) zurück, die als topographische Ansicht konzipiert war und in mindestens zwei Versionen existiert. Shitao bereicherte seine Version mit frischen Frühlingsfarben, mit intensiven grünen, blauen, orangefarbenen und roten Tupfen und Lavis sowie einem dichten Texturgeflecht aus überwiegend trockenen, faserigen Pinselspuren. Bambus und Baumgruppen sind in dunkleren Tuscheakzenten wiedergegeben. Er vermag die unsichtbaren inneren Bezüge der Komposition, das dichte Netz räumlicher Verflechtungen, die das Auge des Betrachters leiten, bei aller verwirrenden Dichte überzeugend darzulegen. Auch wenn die Grotte von Meister Zhang mit ihren spitzen Stalaktiten und Stalagmiten an eine über Jahrtausende gewachsene Tropfsteinhöhle erinnert, gelingt es Shitao, die Grotte in ihrem Innern in ein mysteriöses Licht zu tauchen, gleichsam das Dunkel aufleuchten zu lassen, sodass ihr Besuch einem visionären Erlebnis gleicht. Ein kleiner Besucher – wohl der von Nüwa verfeinerte daoistische Adept, der „Edle" oder *junzi* – hat neben zwei markant aufragenden, geradezu anthropomorphen Felsbrocken in andächtiger Bewunderung innegehalten. Die „noch immer leuchtenden Farben Rot und Purpur" verleihen der „ins Gemälde eingedrungenen Grotte" einen spirituellen Charakter. Eine Steinbrücke, vereinzelte Gebäude, einige Reisfelder und ein paar versteckt ankernde Boote deuten im zweiten Teil der Handrolle auf menschliche Aktivitäten in dieser urwüchsigen Bergwelt hin. Schließlich begegnet uns ein einsamer Wanderer auf einem Damm, wohl am Ufer des Taihu, und damit holt Shitao am Ende der Rolle den versunkenen Betrachter seines Bildes aus der magischen Traumwelt eines daoistischen Paradieses in die geographische Realität zurück.

Abb. 17 **Shitao**

Kliff. Blatt aus dem ***Album mit Landschaften***, *datiert 1701, Tusche und leichte Farben auf Papier, 24,2 x 18,7 cm, The Art Museum, Princeton University.*

Das Bild mit dem „Kliff" stammt aus einem Album mit 11 Blättern, von denen 10 Landschaften unterschiedlicher Stilprägung zeigen und das 11. Blatt ein aus 7 Kolumnen bestehendes Kolophon besitzt. Darin schildert Shitao seine ganz persönliche Befindlichkeit und die allgemeinen Umstände zu jener Zeit, als er im Frühjahr 1701 das Landschaftsalbum malte. Der Neunundfünfzigjährige hatte sich gerade von einer offenbar langwierigeren Krankheit ein wenig erholt und griff entspannt zum Pinsel. Das Kolophon ist als autobiographisches Zeugnis besonders wertvoll:

> An literarischem und künstlerischem Ausdruck kann nur der Glückliche Freude haben. In den vergangenen paar Jahren sind meine Schriftkunstwerke und Malereien auf den Markt gekommen, und „Fischaugen sind mit Perlen vermischt worden". Deshalb bin ich [zur Zeit] viel weniger interessiert – nicht etwa, weil ich nicht möchte, dass andere [meine Bilder] in ihren Studios aufhängten, sondern weil ich nicht riskieren möchte, dass [der Verkauf meiner Werke] meinen Niedergang bedeutete. Seit kurzem bin ich frei von Verpflichtungen, und so geschah es, dass ich dieses Papier zur Hand nahm, um ein paar Skizzen

zu machen. Diejenigen, die das verstehen, werden sie als etwas Besonderes zu schätzen wissen.

2. Mondmonat des *xinsi*-Jahres [3. März – 7. April 1701]. Ich schloss meine Tür und nahm mir eine Auszeit, weil ich krank war. Spontan malte ich, was mir in den Sinn kam und vollendete die Blätter, für die ich hier eine Aufschrift verfasse. „Der Alte Mann aus Qingxiang", [Yuan]ji, Qingxiang Chenren [Yuan]ji.

Der Maler vervollständigt sein Kolophon mit dem Siegel „[Nach den] Malerei-Richtlinien von ‚Ehrwürden Bittermelone' [Yuan]ji, Kugua Heshang [Yuan]ji huafa". Es ist auffallend, dass Shitao gerade dieses Siegel wählte, um die Eigenständigkeit seiner Malereien zu betonen. Die Auseinandersetzung mit den Begriffen *fa*, „Richtlinien", und *huafa*, „Malerei-Richtlinien", durchzieht sein Nachdenken über Kunst wie ein roter Faden. Er war besorgt um seinen Marktwert als Künstler und bedauerte, dass so viele kostbare „Perlen" und schlechte Werke, „Fischaugen", in einen Topf geworfen würden. Möglicherweise waren diese „Fischaugen" sogar Fälschungen oder Kopien.

„Das Kliff" ist reine unberührte Natur, ein Landschaftsausschnitt wie aus einer anderen Welt, ohne Bäume und Sträucher, Menschen und Häuser, scheinbar ohne Jahreszeiten. Schroff ragt das kahle, oben flache Kliff aus dem Nebelmeer auf. Wenige schmale dunkle Schluchten lassen die steile Unzugänglichkeit dieses erratischen Blocks erkennen. Er verdeckt teilweise einige Landzun-

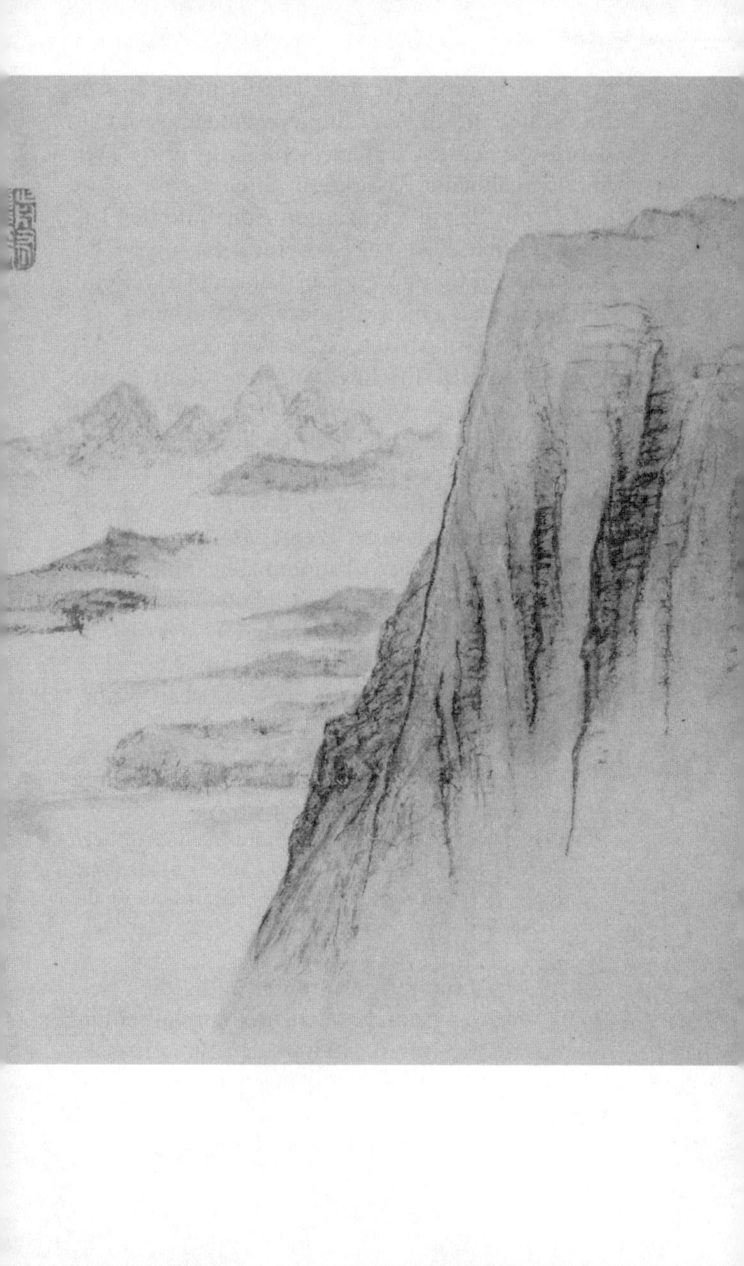

gen oder niedrige Bergrücken, die in der linken Bildhälfte alternierend hintereinander gestaffelt sich bis zu einem fernen Gebirgszug erstrecken. Die allmähliche Reduktion ihrer Größe geht einher mit der differenzierten Abnahme der Tuscheintensität. Dadurch erscheint das schiere Kliff nur umso gewaltiger. Dieser Bildaufbau verleiht der Landschaft einen geradezu archaischen Charakter und lässt an die frühen Versuche chinesischer Maler zur Erschließung eines homogenen Tiefenraumes denken. Die Kunsttheorie hat seit dem 8. Jahrhundert drei klassische Darstellungsmodi für Berglandschaften formuliert: 1. eine von vertikalen Elementen dominierte Anordnung, 2. einen mit einer Reihe von horizontalen Elementen angefüllten Panoramablick, und 3. eine Komposition, die beides vereinte. Guo Xi (ca. 1010–1090), einer der Altmeister der Landschaftskunst, beschrieb diese kompositionellen Grundmuster als Sichtweisen, Landschaft wahrzunehmen:

> Vom Fusse des Berges zur Spitze aufzublicken, ist die hohe Weite, *gaoyuan*. Von der Vorderseite des Berges das zu erspähen, was hinter dem Berg liegt, ist die tiefe Weite, *shenyuan*. Von einem nahen Berg aus hinter weit entfernte Berge zu schauen, ist die ebene Weite, *pingyuan*.

Shitao setzt hier geradezu mustergültig die „tiefe Weite", *shenyuan*, ein. Er verzichtet fast vollständig auf lineare Konturen, und in der Binnenzeichnung zur Charakterisierung der Oberflächenstruktur kommt er mit sparsamen trockenen Texturen seines trockenen Pinsels aus. Zarte grünliche Lavierungen tauchen die Landschaftselemente in ein diffuses Licht und verleihen ihnen eine innere Kohärenz. Es ist, als sähe man das Panorama durch einen lichten Nebelschleier. Der Einsatz der bildnerischen Mittel antwortet der Simplizität der Formen. Die Reduktion und konsequente Filterung der Bildgegenstände sind das Ergebnis kreativer Konzentration. Man glaubt, in diesem Bild etwas von Shitao's momentaner Gelassenheit zu spüren, in der er die 10 Landschaften dieses Albums malte, ohne Auftragsdruck und nur zum eigenen Vergnügen. Wie sagte er doch: „Diejenigen, die das verstehen, werden sie als etwas Besonderes zu schätzen wissen."

In seinem Siegel „Vorgänger [Li] Longmian [Yuan]ji", Qianyou Longmian [Yuan]ji, nimmt Shitao Bezug auf Li Gonglin (ca. 1041–1106), einen der Song-Gelehrtenbeamten aus dem Kreis um Su Shi (1037–1101), der späteren Generationen auch als Li Longmian bekannt war, weil er sich in den Longmian-Bergen südlich von Shucheng, Provinz Anhui, einen viel bewunderten Landsitz gebaut hatte. Damit stellt sich Shitao unmissverständlich in die lange Traditionskette großer Meister der chinesischen Malereigeschichte.

Abb. 18 **Shitao und Jiang Heng (?)**

Porträt des Hong Zhengzhi*, datiert 1706, Handrolle (Detail), Tusche und Farben auf Papier, 36 x 175,8 cm. Arthur M. Sackler Gallery, Smithsonian Institution, Washington, D.C.*

Das ungewöhnliche Porträt des dreiunddreißigjährigen Hong Zhengzhi (1674–1735) malte Shitao ein Jahr vor seinem Tod zusammen mit einem spezialisierten Porträtisten, wahrscheinlich Jiang Heng aus dem nahegelegenen Zhenjiang, Provinz Jiangsu, mit dem er offenbar gern und erfolgreich auch bei anderen Projekten zusammenarbeitete. Sowohl die beiden Maler als auch der Porträtierte dürften gute Bekannte, wenn nicht Freunde gewesen sein und sich in gegenseitigem Einvernehmen auf diesen revolutionären Darstellungsmodus geeinigt haben. Denn das Bildnis sprengte alle Konventionen der chinesischen Porträtmalerei. Zu Lebzeiten gemalte Porträts in einer Landschaft, die den zumal noch jungen Dargestellten in geradezu apotheotischer Verklärung über der Bergwelt schwebend zeigen, hatte es in dieser radikalen Form bisher nicht gegeben. Zu Beginn des 18. Jahrhunderts muss das Werk selbst in progressiven Künstlerkreisen, bei Intellektuellen und Kunstsammlern aus der reichen Kaufmannsschicht von Yangzhou provokativ gewirkt haben.

Hong Zhengzhi tritt uns in Frontalansicht selbstbewusst und wachen Blicks entgegen. Er trägt einen feinen Oberlippen- und spitzen Kinnbart. Seine militärische Tracht erinnert an traditionelle Ausstattungen der Tang-Zeit. Unter der zugespitzten blauen Kopfbedeckung schaut auf der Stirn der Rand einer schwarzen Kappe hervor. Mit seiner Linken greift er an das Heft seines am Gürtel hängenden Schwerts. Wie eine unwirkliche Traumgestalt taucht der Dargestellte aus dem Nebel einer Schlucht auf, sodass nur die oberen zwei Drittel seines Körpers klar umrissen hervortreten. Geradezu gebieterisch scheint er über der von dichten Kiefern bewachsenen Felslandschaft zu schweben, das wellige Wolkenmeer und den Staub dieser Welt unter sich lassend. Ein halbkreisförmig ansteigendes Bergmassiv mit einem Wasserfall im Hintergrund wirkt wie ein monumentaler Nimbus und verleiht der geradezu sakralen Aura der Lichtgestalt noch eine zusätzliche Dimension. Durch die Verschiebung der Figur aus der Bildmitte gegen den oberen Rand der Komposition erscheint Hong Zhengzhi wie ein Phantom aus einer anderen Welt. Zu diesem Eindruck trägt gewiss der wirkungsvolle Kontrast zwischen Figur und Landschaft in Malweise wie Proportionen bei: rau sind die Landschaftselemente, präzis und doch vage ist die Figur. Das weiße Gewand des jungen Mannes fällt glatt über die schmalen Schultern, und die wenigen vertikalen Faltenbahnen werden von blassblauen

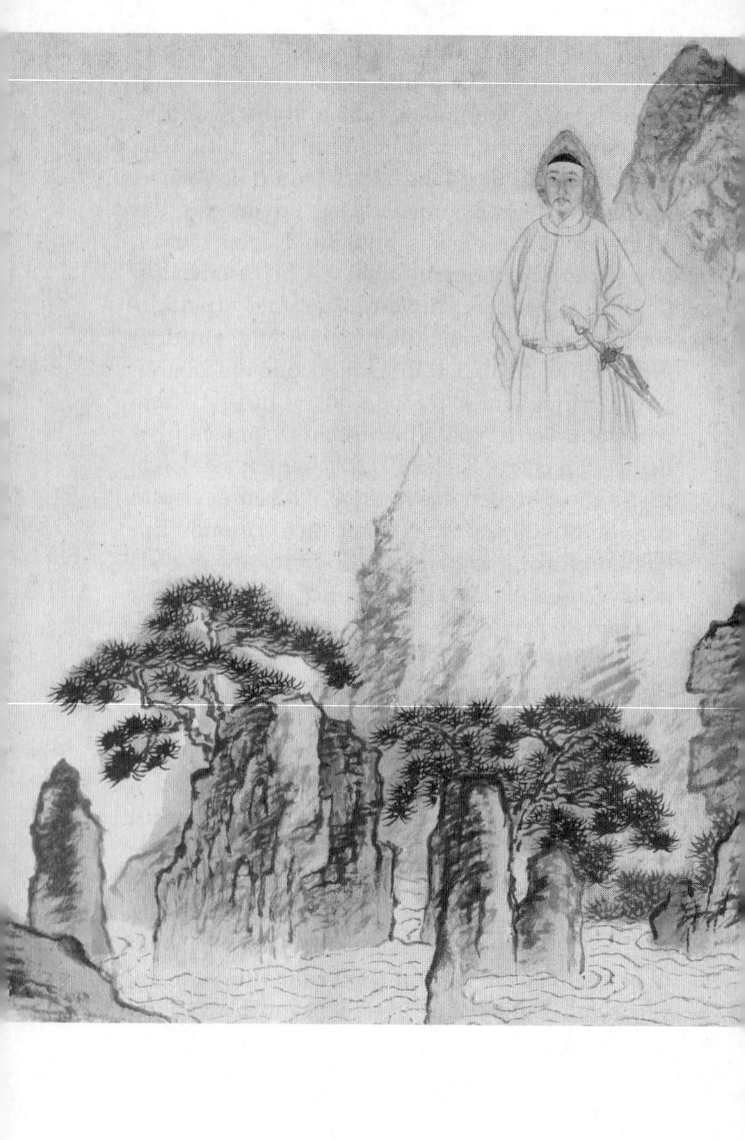

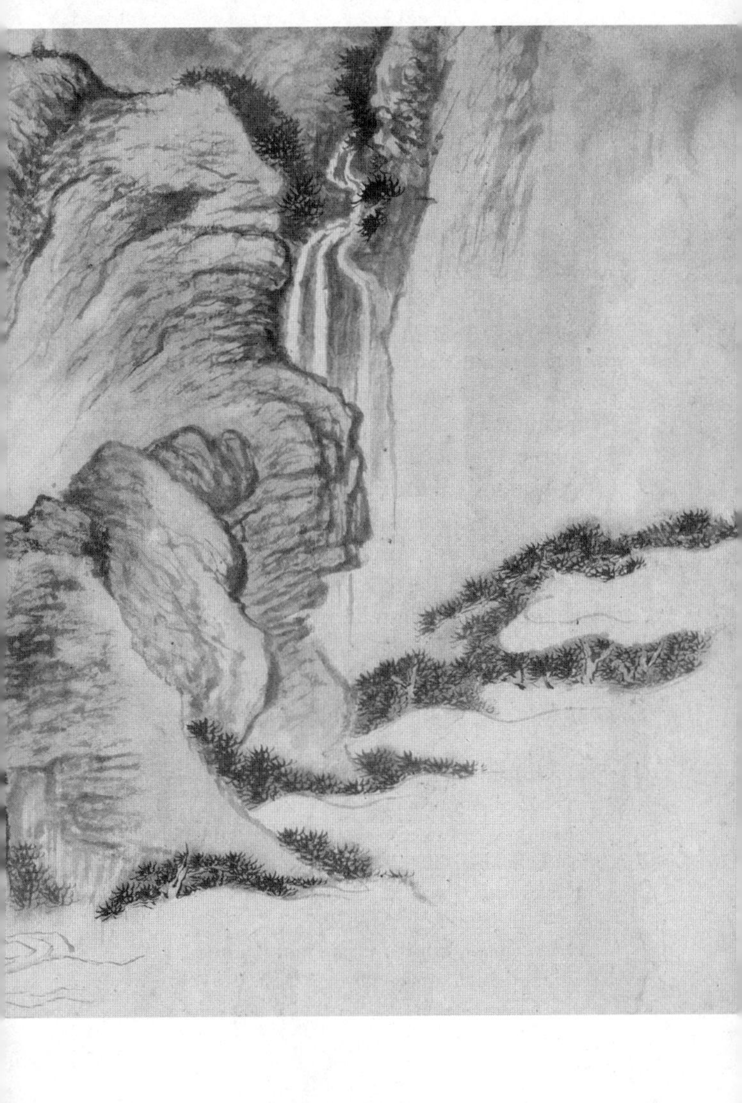

Schattierungen begleitet. Sie verleihen der Gestalt körperhaftes Volumen. Der Porträtist Jiang bediente sich einer feinfühlig akzentuierenden Liniensprache, als er zuerst seinen Beitrag mit spitzem Pinsel zu Papier brachte. Danach fügte Shitao die Landschaft hinzu. Die dunklen Kiefern und Felsspitzen, die im Vordergrund aus dem ornamentalisierten Wolkenmeer aufragen, erscheinen wie eine Miniaturlandschaft zu Füßen der majestätischen Porträtfigur. Mit seiner charakteristischen Texturzeichnung aus faserig ausgezogenen, rauen Pinselspuren, den von der Kunsttheorie so genannten „Formungslinien wie Hanffasern", *pimacun*, charakterisiert Shitao die Oberflächenstruktur der Bergkuppen.

Er hat der Handrolle ein Gedicht im klassisch-strengen Stil von drei Vierzeilern, „Gekürzten Versen", in „reguliertem Versmaß zu je 7 Wörtern", *qiyan jueju*, vorangestellt und in klarer „Regelschrift", *kaishu*, zu vier Kolumnen ausgeführt. Im Duktus folgt er dabei dem Schreibstil des großen Yuan-Meisters Ni Zan (1301–1374):

> Herr Jiang [Heng?] ist ein abgehobener und
> lobenswerter junger Mann.
> Mit dem zinnoberroten Pinsel in der Hand
> befiehlt er über Wolken und Nebel.
> Gelegentlich malt er für Gäste Gesichter
> nach lebendem [Modell].
> Die Genauigkeit der Haare und Knochen
> lässt einen erschaudern.

Herr Gaihua [Hong Zhengzhi] ist ein Mann
 von Bildung und Stil.
Mit einem antiken Schwert an seinem Hüftgürtel
 schaut er in die Weite des Himmels.
Kann seine Vision, die sich so viele Meilen ausdehnt,
 jemals den Horizont erreichen?
Auf die Vergangenheit zurückblickend und der
 Gegenwart vertrauend ist sein Herz zufrieden.

Was mich angeht, so entrollte ich zufällig das Bild
 und sah [das Porträt des Hong Zhengzhi].
So habe ich denn für Euch die hochragenden Gipfel
 hinzugefügt.
Auf- und abgehend [dachte ich für mich],
 mag es nicht wertlos sein?
Schaut es jemand an, mag er darin nicht etwas
 wiedererkennen?

„Der Hinterbliebene aus Qingxiang", Qingxiang Yiren, „Meister der Großen Läuterung", Dadizi, [Zhu Ruo]ji [schrieb dies] an einem Wintertag des Jahres 1706.

Der Porträtierte und Empfänger der Handrolle, Hong Zhengzhi, stammte aus einer angesehenen, wohlhabenden Familie in Yangzhou. Er war ein glühender Verehrer des Künstlers, sammelte mit Hingabe dessen Werke und ließ sich von ihm in der Malerei unterweisen. Dies geht aus einem 1758 datierten Kolophon eines wesentlich jüngeren Zeitgenossen namens Yuan Dun (1712–nach 1758) auf einem verlorenen Bild des Shitao hervor: „Herr Hong Gaihua [Zhengzhi] studierte

Malerei bei Meister [Shitao]. Er war im Besitz einer sehr detaillierten Chronik [von Ereignissen], die der Meister selbst aufgezeichnet hatte." Leider ist dieser autobiographische Essay nicht erhalten geblieben. Auch ein umfangreiches Orchis-Album, das Shitao in den neunziger Jahren für seinen jungen Freund Hong malte, ging in seiner ursprünglichen Form verloren. Ferner wissen wir von einem Shitao-Album, dem der stolze Besitzer Hong Zhengzhi einen respektvollen Kommentar widmete: „Der ehrenwerte Qingxiang [Shitao] schenkte mir einst ein Album von 16 Blättern mit Pflaumenblüten in Tusche. Es war in jeder Hinsicht perfekt. Daher ließ ich es montieren, stellte es in meinem Studio auf und kopierte es des öfteren [...]. Der alte Gentleman und ich lebten lange Zeit zusammen am selben Ort [...]. 9. Mondmonat des Jahres 1731, aufgezeichnet von Wanguan jushi, Hong Zhengzhi." Das Verhältnis des Porträtierten zu Shitao beleuchtet ferner ein Kommentar aus dem Jahr 1701, den der Dichter und Essayist Huang Yun aus Taizhou bei Yangzhou hinterließ: „Ich kenne den großen Lehrer Shi[tao] seit 30 Jahren und schätze seine Malereien außerordentlich, konnte jedoch nur wenige seltene Stücke erwerben. Kürzlich malte er etwas für meinen Freund Tingzuo [Hong Zhengzhi], der nun zahllose Werke von ihm besitzen muss." Zu einer Handrolle Shitao's mit dem Titel „Ströme und Berge ohne Ende", die Hong 1686 erworben hatte, schrieb der Sammler 1720 nach dem Tod des Malers ein langes Kolophon; darin heißt es u.a.: „In den vergangenen 20 Jahren sind meine Haare schlohweiß geworden. Ich denke zurück, erinnere mich an Qingxiang, und es ist, als ob er mir gerade vor Augen stünde – doch wie aus einer anderen Welt."

Am Ende unserer Handrolle folgen 31 Kolophone, die zwischen 1708 und 1771 mehrheitlich von zeitgenössischen Schreibern aus dem Kreis des Hong Zhengzhi, von Beamten, Kaufleuten, professionellen Schreibern, Künstlern, Dissidenten und Familienmitgliedern, niedergeschrieben wurden.

Abb. 19 **Shitao**

Die Pfirsichblütenquelle, *ca. 1705–1707, Handrolle, Tusche und Farben auf Papier, 25 x 157,8 cm, The Freer Gallery of Art, Smithsonian Institution, Washington, D.C.*

In seinem „Bericht von der Pfirsichblütenquelle", *Taohuayuan ji*, der aus einer Prosaeinleitung und einem Gedicht besteht, entwirft der weltflüchtige Dichter Tao Yuanming (Tao Qian, 365–427) eine paradiesische Idylle, in der ein Fischer in einem Pfirsichhain zufällig den verborgenen Eingang zu einem Elysium entdeckt. Darin leben die Menschen, die vor der Tyrannei des ersten Kaisers von China, Qin Shihuangdi (r. 221–210 v. Chr.), in diesem entlegenen Tal Zuflucht genommen haben, mit ihrer Nachkommenschaft seit Jahrhunderten in Eintracht und Frieden. Nach seiner Rückkehr berichtet der Fischer von den bukolischen Zuständen in jenem Paradies hinter der Höhle – an der Pfirsichblütenquelle. Doch fand man den Zugang nie wieder. Shitao wurde womöglich 1696 erstmals mit der Frage einer Illustration des berühmten literarischen Meisterwerks konfrontiert, als ein unbekannter Sammler den exzentrischen Künstler Bada Shanren (Zhu Da, 1626–1705) beauftragte, die Sage von der Pfirsichblütenquelle niederzuschreiben und den schriftkünstlerisch gestalteten Text nach Yangzhou zu schicken, damit Shitao ihn in ein Bild umsetzen könne. Bada Shanren stammte von einem mit Lehen ausgestatteten Zweig der kaiserlichen Ming-Familie ab und war wie Shitao ein treuer Loyalist der gefallenen „hellen“ Dynastie. Als Shitao seinen Bildbeitrag zu der Rolle vollendet hatte, schrieb er geradezu euphorisch:

> Bada Shanren's Schriftkunst und Malerei sind die besten im ganzen Land. Mein Freund, Herr [unleserlich] sandte mir diese Rolle nach Yangzhou und bat mich, ein Bild hinzuzufügen [...]. Bada Shanren und ich sind zwar tausend *li* [Meilen] voneinander getrennt, doch wir sind beide von gleicher Art.

In der Folge wurde der Kontakt zwischen den beiden gleichgesinnten „verwaisten Prinzen-Künstlern“ immer enger, was ihr Briefwechsel und mehrere Bildaufschriften bezeugen. Der „Bericht von der Pfirsichblütenquelle“, der schon im Titel an die Pfirsiche der Unsterblichkeit erinnert, verflicht geographische und historische Dimensionen, daoistische und konfuzianische Ideale, nach denen Bada Shanren und Shitao am Beginn der mandschurischen Fremdherrschaft sich sehnten, nach einem Leben in einer heilen, unbedrohten Welt:

> In der Jin-Dynastie während der Regierungsperiode „Höchster Urbeginn“ [376–396] fuhr einmal ein Fischer mit seinem Boot einen Fluss hinauf, ohne recht darauf zu achten, wie weit ihn der Weg führte. Plötzlich sah er sich von einem Pfirsichwald umgeben. Nach einigen hundert Schritten traten die Ufer

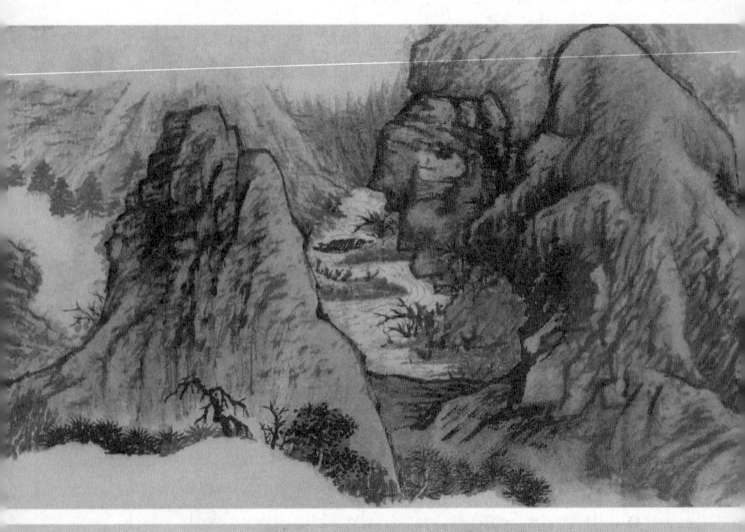

靈山多異秘谷口人家藏漁父偶然到桃花流水香迷途難借問歸路已隨忘不比天台上還堪度石梁

桃源圖中元日以贊滋衡同學詩發興寫此

清湘遺人大滌子極

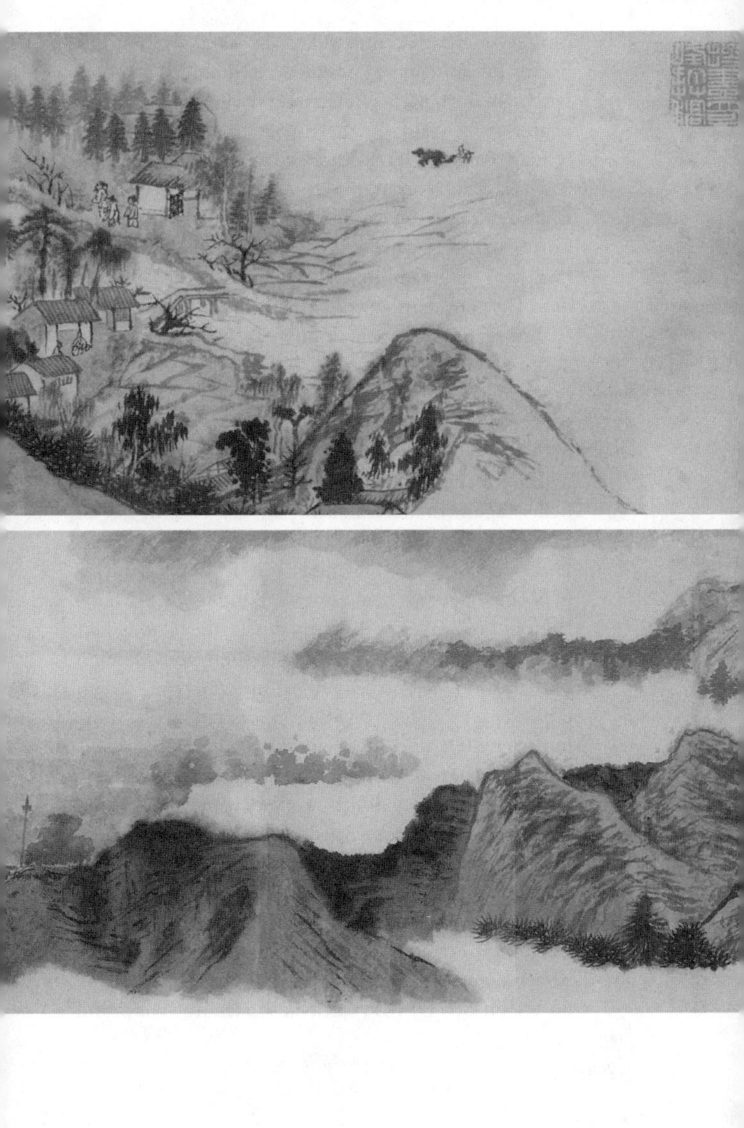

immer enger zusammen, bis an allen Seiten nur noch Pfirsichbäume standen. Duftende Kräuter wuchsen dort in berauschender Fülle, und Blütenblätter stoben auf ihn hernieder in einem verwirrenden Regen. Der Fischer wunderte sich sehr und ruderte weiter voran, um zu sehen, wo der Wald zu Ende sei, und fand schließlich, dass er just dort aufhörte, wo die Quelle des Flusses hervorsprudelte, [auf dem er gefahren war]. Hier sah er sich vor einem Berg, in dem er eine kleine Höhlung entdeckte, hinter der er einen dünnen Lichtstrahl wahrzunehmen meinte. Er verließ sein Boot und ging in die Höhle hinein. Anfangs war sie noch so eng, dass sie kaum einem Menschen Durchlass gewährte. Aber nachdem er sich einige zehn Schritt weiter vorangeschoben hatte, öffnete sie sich plötzlich und ließ das helle Tageslicht hereinfallen. Da sah er eine weite Ebene vor seinen Augen liegen mit sauber angelegten Häusern und Gebäuden, mit schönen Feldern, lieblichen Seen, bestanden mit Bambus und Maulbeerbäumen. Wege führten durch die Landschaft hindurch, und man hörte das Krähen von Hähnen und das Bellen von Hunden. Inmitten von alldem erblickte er [einige] Männer und Frauen, die hin- und hereilten und die Felder bestellten. Ihre Kleidung war genauso wie die der Menschen draußen; die Alten hatten gelblich weiße Haare, die Jungen trugen sie in Zöpfchen geflochten. Sie alle schienen sich unbeschwert ihres Lebens zu erfreuen. Als sie des Fischermannes gewahr wurden, erschraken sie jedoch sehr. Sie fragten ihn, woher er käme, und er gab ihnen bereitwillig Auskunft. [...] Von sich selbst berichteten sie, dass ihre Vorfahren ehedem, als die böse Zeit der Qin-Dynastie ausbrach, mit Weib und

> Kind ebenso wie auch alle anderen Dorfbewohner in diese entlegene Gegend gezogen und seither nie mehr aus ihrem Schlupfwinkel hinausgegangen seien. So sei die Verbindung mit den Menschen draußen allmählich abgerissen. Sie erkundigten sich, was für eine Dynastie jetzt an der Regierung sei; von der Han-Dynastie [206 v. Chr.–220 n. Chr.] wussten sie nichts, ebensowenig hatten sie je von der Wei [220–265]- oder der Jin-Dynastie [265–420] etwas vernommen. [...] Nachdem er [der Fischer] einige Tage dort zugebracht hatte, sagte er ihnen schließlich Lebewohl. „Du musst aber den Leuten draußen nichts über uns erzählen", ermahnten sie ihn als letztes. Er ging wieder durch die Höhle hinaus und fand auch richtig sein Boot wieder. Während er denselben Weg, den er gekommen, zurückfuhr, prägte er sich ganz genau die einzelnen Landmarken ein und meldete sich, sobald er die Distrikthauptstadt erreicht hatte, beim Distriktkommandanten, um ihm von seinem Abenteuer zu berichten. Der Distriktkommandant beauftragte auch gleich ein paar Männer, mit dem Fischer zusammen anhand der Landmarken, die er sich gemerkt hatte, den Zugang dorthin zu erforschen. Aber der Trupp verirrte sich und war außerstande, den Weg [zu dem Land hinter der Höhle] wiederzufinden.
>
> (Übers. Wolfgang Bauer)

Shitao eröffnet seinen Blick in das fiktionale Paradies hinter der Höhle mit einem sanft ansteigenden Hügel und Reisfeldern im Vordergrund und einem einsam pflügenden Bauern im Hintergrund. Dieser ganz gezielt auf dem leeren

Bildgrund isolierte, mit nassem Pinsel hervorgehobene Landmann ist ein Emblem für das entgrenzte Utopia, das in des Dichters Phantasie geformte Land des ungetrübten Glücks, in dem ein gesellschaftlicher Idealzustand herrscht. Zugleich dürfte sich hinter der verschwindend kleinen und doch so prominenten Figur ein versteckter Hinweis des Malers auf Tao Yuanming verbergen, der nach seiner unglücklichen Karriere im öffentlichen Dienst auf sein Familienanwesen zurückgekehrt war, um sich der Landwirtschaft zu widmen. Oberhalb einer Häusergruppe und einer Brücke steht auf einem aufwärts führenden Pfad der bärtige Dorfälteste mit zwei Kindern vor einer strohgedeckten Hütte, um den fremden Ankömmling zu begrüßen. Der Fischer trägt noch sein Ruder unter dem Arm. Jenseits des massigen zentralen Gebirgszugs, der über den oberen Bildrand hinausragt, wird ein Ausschnitt des Flusses sichtbar. Dort hat der Fischer sein Boot verankert und den mysteriösen Höhlenzugang zum Paradies an der Pfirsichblütenquelle entdeckt. Durch ausgesparte, Nebel suggerierende Partien am unteren Bildrand und im Mittelgrund taucht der Maler die mit kraftvollen, dunklen Formungslinien und bläulichen Tupfen strukturierten grünen Bergrücken und Felsmassen in eine unwirkliche Nähe und Distanz zugleich. Es entsteht eine dramatische Spannung von Nah und Fern, ein sonderbar mystisches Leuchten – ganz der utopischen Topographie angepasst. Am Ende der Gebirgskette werden hinter der letzten Kuppe ein zweistöckiges Stadttor und ein Teil der Stadtmauer sichtbar. Sie markieren Grenze und Zugang zu einer realen Welt.

Das Bild wurde möglicherweise von einem Bekannten des Malers, Fei Xihuan (1664–?), in Auftrag gegeben, der aus einer angesehenen Familie prominenter Intellektueller in Yangzhou stammte und selbst ein Pfirsichblüten-Gedicht schrieb, das Shitao im ersten Teil seiner Bildaufschrift am Ende der Handrolle zitiert:

Die geisterhaften Berge sind so tief und geheimnisvoll.
Am Eingang des Tals sind menschliche Behausungen verborgen.
Ein Fischer kommt zufällig vorbei.
Pfirsichblüten verströmen ihren Duft an den Strom.

Die Rolle ist undatiert. Das Mottosiegel am Anfang der Rolle oben rechts lautet: „Der bis zum Äußersten die wundersamen Gipfel Erforschende machte einen groben Entwurf", Soujin Qifeng dacaogao. Die beiden der Signatur folgenden Siegel „Meister der Großen Läuterung [Zhu Ruo]ji", „Dadizi [Zhu Ruo]ji", und „Alter Mann, allein in dieser Welt", Lingding Laoren, und auch die Signatur des Malers „Der Hinterbliebene aus Qingxiang", „Meister der Großen Läuterung [Zhu Ruo]ji", Qingxiang Yiren Dadizi [Zhu Ruo]ji, legen eine Datierung des Werks gegen Ende des Lebens von Shitao nahe, zwischen

1705 und 1707. In jenen Jahren vollendete er auch seine „Aufgezeichneten Worte zur Malerei", *Huayulu*, die 1710, drei Jahre nach seinem Tod, unter dem Titel „Handbuch der Malerei", *Huapu*, im Druck erschienen.

Abb. 20 **Shitao**

Alter Ginkgo am Qinglong-Berg, Erinnerungen an Nanjing, *datiert 1707, Albumblatt, Tusche und Farben auf Papier, 23,8 x 19,2 cm. Arthur M. Sackler Gallery, Smithsonian Institution, Washington, D.C.*

Der robuste Ginkgo, der zur Familie der Fächerblattbäume gehört, gilt allgemein als ältester Baum dieser Erde. Er ist in China heimisch. Anhand fossiler Funde hat man sein Alter auf etwa 270 Millionen Jahre geschätzt. Traditionelle Überlieferungen weisen dem Ginkgo die Gegend von Nanjing in der Provinz Jiangsu als ursprüngliche Heimat zu. Tatsächlich finden wir die älteste bisher bekannte Darstellung des Ginkgo in einem Reliefzyklus der Östlichen Jin-Dynastie (317–420) in einem 1961 in Xishanqiao bei Nanjing entdeckten Ziegelgrab. Hier sitzen einige der legendären „Sieben Weisen vom Bambushain und Rong Qiqi" unter dem üppigen Laubdach prachtvoller Ginkgobäume. In etwas jüngeren Wandmalereien, etwa denen der 1986 untersuchten Grabkammer des Generals Cui Fen (501–550) in Linqu, Provinz Shandong, aus dem Jahr 551 erscheinen die „Sieben Weisen" unter Ginkgobäumen. Auch wenn sich diese Gruppe weltabgewandter Philosophen des 3. Jahrhunderts angeblich in einem Bambushain bei Luoyang traf, ordnete man ihnen in der Kunst sicher nicht zufällig den extravaganten Ginkgo zu. Mit ihnen wurde der Baum zum Symbol für den idealen Menschen und die Hoffnung auf eine bessere Welt, denn die „Sieben Weisen" hofften ihr Glück im Vergessen und in totaler Gleichgültigkeit gegenüber allen Konventionen der Gesellschaft zu finden.

Der Ginkgo ist heute in China vor allem unter dem Namen *baiguo*, „Weiße Frucht", bekannt. Ältere Bezeichnungen sind *yinguo*, „Silberfrucht", oder *yinxing*, „Silberaprikose". Auf dem Umweg über Japan, wo die beiden chinesischen Zeichen *yinxing* für die „Silberaprikose" *ginkyō* (auch *ginnan* oder *ichō*) gelesen werden, kamen sie durch einen etwas jüngeren Zeitgenossen des Shitao nach Westen. Es war der aus Lemgo stammende Arzt und Forschungsreisende Engelbert Kaempfer (1651–1716), der dem Ginkgo 1690 begegnete und ihm 1712 die erste botanische Würdigung in seinen *Amoenitatis Exoticae* widmete. Seine merkwürdige Schreibung verdankt der Ginkgo einem orthographischen Missgeschick bei der Übertragung des japanischen Worts, als aus *gin-kyō* offenbar *gink-[y]go* wurde.

Der abgebrochene Stamm eines alten Ginkgobaums im Bild des Shitao setzt geradezu sinnbildlich einen Schlusspunkt unter Leben und Werk des Künstlers. Das kleine Bild stammt aus einer Serie von 12 Albumblättern, die der Meister am 10. September 1707 vollendete. Es ist wohl das letzte erhaltene Werk des Fünfundsechzigjährigen.

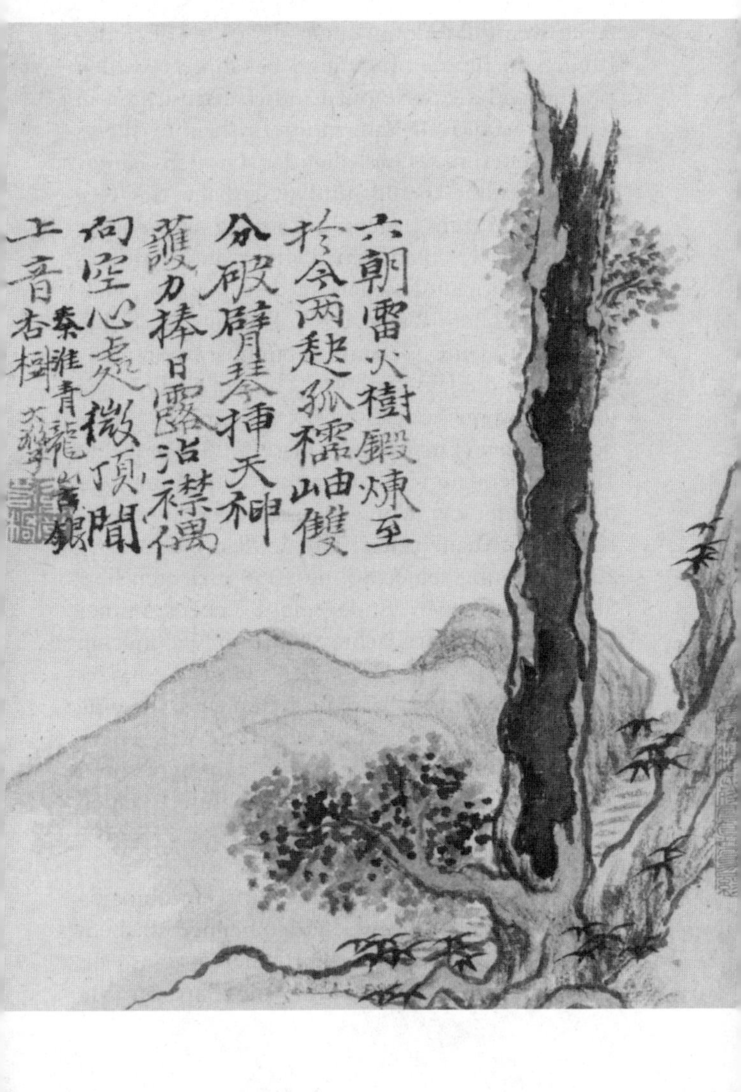
六朝雷火樹鍛煉至
於今兩髮孤穤山由雙
分破臂琴插天神
護力捧日露沾襟偶
向空心處徹頂聞
上音杏樹
秦淮青龍山
大滌子

Auch wenn das Album unter dem Titel „Erinnerungen an Jinling“ [Nanjing] bekannt geworden ist, entstand die Serie mit Landschaftsansichten in seinem Studio in Yangzhou. Er nannte dieses zwar weiterhin „Grashalle der Großen Läuterung“, Dadi Caotang, und „Grashalle des Gepflügten Herzens“, Genxin Caotang, verwendete jedoch bei verschiedenen Blättern dieses Albums auch Signatur und Siegel mit dem Namen „Halle des Großen Ursprungs“, Dabentang. Dabei schweiften seine Gedanken offenbar weiter zurück als in die Jahre von 1679 bis 1686, als er sich in Nanjing niedergelassen hatte, denn die „Halle des Großen Ursprungs“ ist ein Gebäude im 1377 vollendeten Palastbezirk von Nanjing, das der Gründer der Ming-Dynastie, der Hongwu-Kaiser Zhu Yuanzhang (1328–1398, r. 1368–1398), zur Erziehung seiner Söhne 1368 errichten ließ. Shitao, der gegen Ende seines Lebens immer wieder krank war, dachte wohl mit Wehmut an die glorreiche Zeit des „hellen“ Herrscherhauses vor fast dreieinhalb Jahrhunderten und an seine eigene familiäre Herkunft als Ming-Prinz. Aus diesem Grund benutzte er in den Signaturen und Siegeln seines letzten Werks mehrfach seinen Familiennamen Zhu Ruoji.

So haben manche der Albumblätter mit den „Erinnerungen an Jinling“ zwangsläufig autobiographischen Charakter, etwa „Malen bei herbstlichem Mondschein“, „Waschen des Tuschereibsteins“ am Flussufer, „Herbst-Meditation“ und „Spaziergang zu den Ostbergen". In anderen Bildern stellt Shitao sein Nanjing-Studio auf einem bewaldeten Hügel dar, den „Ein-Zweig-Pavillon", Yizhige, schildert einen „Bootsausflug nach Congxiao", der an der Stadtmauer und einer der hochaufragenden Pagoden von Nanjing vorbeiführte, oder er gedenkt der „Besteigung der ‚Buntscheckigen Steine' im Mittherbst". Caishi, die „Buntscheckigen Steine", in der Präfektur Dangtu, Provinz Anhui, gehörten zusammen mit dem Huangshan zu den bevorzugten Ausflugszielen des Künstlers. Auf diesem Albumblatt finden wir am Ende der Bildaufschrift das Entstehungsdatum:

> Dies ist ein älteres Gedicht [geschrieben anlässlich] der Besteigung der „Buntscheckigen Steine" am 7. Oktober 1680. Mitte des Herbsts im *dinghai*-Jahr [am 10. September 1707] erinnerte ich mich an das Ereignis und machte dieses Bild. „Meister der Großen Läuterung", Dadizi, [Zhu Ruo]ji.

Es folgen die beiden Siegel „Halle des Großen Ursprungs", [Zhu Ruo]ji, Dabentang [Zhu Ruo]ji, und „Berg Yue", Yueshan. In diesen Landschaften mit ihren Bildaufschriften begegnen wir wahrscheinlich den letzten Spuren aus Shitao's Pinsel. Beim „Alten Ginkgo am ‚Grünen Drachenberg', Qinglongshan" erinnert er sich an das Schicksal eines Naturmonuments in Nanjing. In seiner prominent in die Komposition einbezogenen Aufschrift spricht er davon, dass dieser ehrwürdige Ginkgo zur Zeit der Sechs Dynastien (221–589) von einem Blitzschlag getroffen wurde, sein Stamm abbrach und zersplitterte. Doch nach einer Weile habe er neue Triebe hervorgebracht. Im Duktus seiner Schrift sucht Shitao auf seine eigene Weise den Stil des vorbildlichen Yuan-Meisters Ni Zan (1301–1374) zu interpretieren. Er signierte das Gedicht mit seinem geläufigen Künstlernamen „Meister der Großen Läuterung", Dadizi, und fügte sein neues, erst 1707 verwendetes Siegel hinzu: „‚Halle des Großen Ursprungs', [Zhu]ruoji", Dabentang [Zhu] ruoji. Der annähernd quadratische Block seiner saft- und kraftvoll strukturierten Schriftzeichen scheint nachgerade einen Widerstand gegen den morbiden Charakter des Bildthemas bilden zu wollen. Aus der Mitte nach rechts verschoben, überschnitten und senkrecht vom unteren Bildrand aufsteigend, damit unwiderstehlich in die vorderste Bildebene dicht an das Auge des Betrachters herangerückt, ragt der morsche hohle Stamm wie ein Mahnmal in desolater Umgebung auf. Er ist zersplittert und enthauptet, aber nicht gefallen. Brüchig an- und abschwellende senkrechte Umrisslinien und blassblaue ausgefranste Ränder kennzeichnen seine von den Naturgewalten zerfressene äußere Hülle. Schwarz ist sein Inneres, ein gebrochener, ausgehöhlter, zerfallener Leib. Spiegeln sich darin des kranken Künstlers Gedanken und Empfindungen kurz vor seinem Tode, die er hier malerisch sublimiert? Shitao reduziert die Andeutung der Landschaft auf wenige Elemente, eine Bodenwelle am Fuß des

Ginkgo, einen in die Tiefe führenden Treppenpfad und einen Steilhang am rechten Bildrand, an dem isoliert wenige Bambusbüschel wachsen. Der Hintergrund bleibt leer. Konturen und Texturzeichnung beschränken sich auf wenige blassgraue Pinselzüge. Oberhalb der Wurzeln hat ein kräftiger nach links ausgreifender Ast frische Blätter hervorgebracht, und auch gegen das obere Ende des Stamms lässt die Natur neues Leben sprießen. Dichte Tupfen, *dian*, in kräftigem Schwarz, Blau und grünlichem Braun suggerieren die Belaubung und heben die abstrakten Blätter vor dem rötlich braunen Boden ab. Nur in der linken unteren Ecke hat der weiche lavierende Pinsel des Malers das gelbbraune raue Papier leergelassen.

Die „Erinnerungen an Jinling“ müssen als das künstlerische Vermächtnis Shitao's gelten. Sein vom Blitz getroffener „Alter Ginkgo am Qinglong-Berg“ ist nicht nur Wahrzeichen einer konkreten Erinnerung, sondern „ein Weltenbaum, der die Geheimnisse einer unvergesslichen Vergangenheit bewahrt“, wie es der Paläobotaniker Sir Albert C. Stewart – wohl ohne das Bild Shitao's zu kennen – in Bezug auf den Ginkgo einmal treffend formuliert hat. Etwas mehr als 100 Jahre nach Vollendung der „Erinnerungen an Jinling“ von Shitao, am 15. September 1815, schrieb Goethe auf ein Blatt mit zwei gekreuzten Ginkgo-Blättern sein berühmtes Liebesgedicht und Loblied auf den Ginkgo ins „Reine“:

Ginkgo biloba.

Dieses Baums Blatt, der von Osten
Meinem Garten anvertraut,
Giebt geheimen Sinn zu kosten
Wie's den Wissenden erbaut.

Ist es Ein lebendig Wesen,
Das sich in sich selbst getrennt,
Sind es zwey die sich erlesen,
Daß man sie als Eines kennt.

Solche Frage zu erwiedern
Fand ich wohl den rechten Sinn,
Fühlst du nicht an meinen Liedern
Daß ich Eins und doppelt bin.

Es waren die faszinierende Fächerform der Ginkgoblätter, das hohe Alter des Baumes und seine unverwüstliche Widerstandskraft, die Dichter und Künstler in aller Welt und zu allen Zeiten immer wieder inspirierten. Noch 1982 sprach Joseph Beuys (1921–1986) bei seiner Baumpflanzaktion an der *documenta* 7 in Kassel vom Ginkgo als einem weiterlebenden Fossil, „das alle, sagen wir mal Eiszeiten, alle Vulkanausbrüche, alles, was erdgeschichtlich an Katastrophen über die Natur hinweggegangen ist, von der Kreidezeit bis heute, überlebt hat und der mit allem fertig wird. Das ist der Ginkgo. Wir pflanzen ihn ja auch."

ANHANG

Zur Einführung

Der ehrenwerte Meister der Großen Läuterung [Shitao] war ein Nachkomme des früheren Kaiserhofes. Nachdem das Reich [der Ming] verloren war, trug er Zorn und Groll in seiner Brust und verbarg seine Spuren im Chan [Zen]. Zwischen all den von ihm verfassten Gedichten und Schriften, Kalligraphien und Bildern strömt sämtlich dieses majestätisch erhabene und sonderbar außergewöhnliche *qi* hervor. In dem einen Band der „Aufgezeichneten Worte zur Malerei" legt er seine Gedanken dar und fasst sie dabei in derart verborgen tiefe und dunkel wundersame Worte, dass er dadurch gar selbst zu einem der großen Meister wird. Die von den Malern nicht weitergegebenen Geheimnisse verbreitet er darin, was äußerst kostbar ist. Falls man immer wieder den von ihm dargelegten Sinn studiert und die dargelegten Einsichten in aller Weite ausbreitet, wie könnte es da sein, dass Shitao nur hinsichtlich der Malerei gewisse Richtlinien erläutert?!

Wang Yizhen 汪繹辰 hat in seinem Nachwort zu Shitao's 石濤 gesammelten Gedichten und Bildaufschriften bereits im Jahre 1731 die entscheidenden Fixpunkte für die Auseinandersetzung mit diesem berühmten chinesischen Maler und Kalligraphen benannt:
Der unter seinem Großjährigkeitsnamen Shitao bekannt gewordene Künstler, dessen ursprüng-

licher Name Zhu Ruoji 朱若極 war, entstammte der alten Kaiserfamilie der Ming. Als im Jahre 1644 die Mandschuren die Hauptstadt besetzten und die Qing-Dynastie gründeten, meldete der König von Jingjiang, vermutlich Shitaos Vater, selbst Ansprüche auf den Kaiserthron der Südlichen Ming an. Doch sein Aufstand wurde vernichtend niedergeschlagen, und er starb in Gefangenschaft. Shitao, damals noch ein Kind, musste fliehen und verdankte sein Überleben allein dem Mitleid eines Bediensteten. Er suchte schließlich Zuflucht in der Gemeinschaft der buddhistischen Mönche und nahm den Mönchsnamen Daoji 道濟 an.

Für den überlebenden Prinzen einer untergegangenen Dynastie gab es nach traditionellem Verständnis nur eine Möglichkeit, ein ehrenvolles Leben zu führen: Er konnte danach streben, das Ideal des im Verborgenen lebenden Einsiedlers zu verwirklichen. In der Regel bedeutete dies den Rückzug aufs Land und die Hinwendung zu Dichtung und Wein, Bergen und Wassern. Shitaos früher Eintritt in ein buddhistisches Kloster stellt im doppelten Sinne eine notgedrungene Abwendung von der Welt des Staubs dar.

Seine ersten Jahre verbrachte er in einem Tempel in Wuchang, Provinz Hubei, wo er schon früh Kalligraphie und Malerei erlernte. Im Jahre 1665 reiste Shitao nach Qingpu im Süden von Zhejiang und wurde dort Schüler des bedeutenden Chan-Meisters Lü'an Benyue 旅菴本月 (gest. 1676). Dieser behielt ihn jedoch nicht bei sich im Kloster, sondern schickte ihn auf Wanderschaft hinaus in die Welt. In Shitao's Leben begann somit die Zeit der ihn nachhaltig prägenden Reisen durch den Süden Chinas, auf denen er die berühmten Berge und Landschaften ausgiebig durchstreifte. Vor allem seine Wanderungen auf dem „Gelben Berg“, *Huangshan*, und die aus den dabei gewahrten Anblicken entstandenen Bilder sind in der Geschichte der Malerei hochgeschätzt geworden.

Erst im Jahre 1680 gab er seine langjährige Wohnstätte im „Tempel der Verbreitung der Lehre“ in Xuancheng auf, und zog nach Nanjing, um dort von einem Freund die Verantwortung für den „Ein-Zweig-Pavillon“ innerhalb des dortigen Klosters zu übernehmen. Shitao wählte als Mönch nicht das gänzlich abgeschiedene Dasein eines Einsiedlers. Er hatte auf allen Stationen seines Werdegangs gute Kontakte zur lokalen Kunstszene. Zweimal in seinem Leben wurde er sogar persönlich vom Kangxi-Kaiser auf dessen Reisen in den Süden empfangen. Sein Ehrgeiz, sich als Mönchsmaler nicht nur auf regionaler Ebene einen Namen zu machen, gipfelte in seiner Reise in die Hauptstadt Beijing. Doch während seines dreijährigen Aufenthaltes gelang es ihm nicht, kaiserliche Patronage zu erlangen, und so kehrte er trotz einflussreicher Förderer 1692 ernüchtert in den Süden zurück. Shitao konnte sich als Maler nicht gegen die Vorherrschaft der Orthodoxie am Kaiserhof durchsetzen.

Nach diesem Rückschlag distanzierte Shitao sich vom Buddhismus, angeblich aus Enttäuschung über die Degeneration der Mönche. Heutige Biographen merken an diesem Punkt an, dass sich wohl auch seine persönlichen Ambitionen innerhalb der buddhistischen Gemeinschaft als „Mönch Bittermelone", *Kugua Heshang* 苦瓜和尚, wie er sich auch nannte, nicht sämtlich erfüllt haben sollen. Er blieb als von der Tradition anerkannter Chan-Meister in jedem Fall hinter dem öffentlichen Einfluss seiner Lehrer zurück.

Die Einrichtung seiner neuen Bleibe, der sogenannten „Halle der Großen Läuterung", *Daditang* 大滌堂, im Zentrum von Yangzhou fällt mit der späten demonstrativen Hinwendung zum Daoismus zusammen. Shitao selbst nannte sich nun auch „Meister der Großen Läuterung", *Dadizi* 大滌子. Seine letzten datierbaren Bilder stammen aus dem Jahre 1707, sein genaues Todesdatum ist umstritten. Yangzhou war das Lebenszentrum seiner letzten Jahre gewesen.

Shitao's bewegter Lebenslauf dürfte ihm hinreichend Gelegenheit zu „Zorn und Groll" gegeben haben. Seine Werke sind – zumindest in den Augen der frühen Betrachter – gekennzeichnet von seiner erhabenen Persönlichkeit und der verborgenen Zurschaustellung seiner überragenden Tugendkraft. Wer genau hinsieht, bemerkt auch seine einsam vorgetragenen Klagen, doch ist dies ein Aspekt seines Schaffens, der an dieser Stelle nur angedeutet werden kann. Anliegen moderner Biographen ist es vornehmlich, die Lebenszeit Shitao's als eine Epoche tief greifender Umwälzungen vor Augen zu führen, in der in China die Moderne Einzug hält. Sie wittern das vertraute Gemisch aus Selbstbewusstsein, Autonomie und Zweifel. Sie erkennen das von der Gesellschaft in mehrfacher Hinsicht ausgeschlossene Subjekt, das darum ringt, zumindest in der Landschaftsmalerei die anderswo für immer verloren gegangene, unversehrte Ganzheit der Welt zu kompensieren. Sie zeigen sein Scheitern im Kampf um die fragmentarische Unabhängigkeit eines nicht mehr zusammenhängenden Selbst in einer sich immer schneller ausdifferenzierenden Gesellschaft.

Shitao's literarisches Meisterstück, die „Aufgezeichneten Worte zur Malerei", *Huayulu*, entstammt seiner letzten Schaffensperiode in Yangzhou. Der Leser steht somit vor den gereiften Einsichten eines Meistermalers und der unkonventionellen Weisheit eines ausgebildeten Chan-Mönchs – der sich dem Daoismus zugewandt hatte. Während man unter den heutigen Kommentaren letztlich für jede der drei großen Traditionen der chinesischen Geistesgeschichte – Konfuzianismus, Daoismus und Buddhismus – eine vor allem den Einfluss des eigenen Gedankenguts herausstreichende Lesart des Textes finden dürfte, war für die alten Gelehrten vor allem die wunderbare Tiefe seiner Einsichten das Bemerkenswerte. Die „Aufgezeichneten Worte zur Malerei" waren zu allererst ein Meisterwerk für sich, dessen Ruhm sich nicht zuletzt auf die besondere Sprache des Textes gründete, die man immer wieder mit der einfachen Schlichtheit alter Klassiker verglich. Wang Yizhen hob darüber hinaus in seinem begeisterten Nachwort den weit über die Grenzen einer technischen Gebrauchsanweisung für Tusche und Pinsel hinausreichenden Horizont der „Aufgezeichneten Worte zur Malerei" hervor. Dieser explizite Hinweis auf den eigentlichen Anspruch des Textes zeigt an, dass der Titel des Werkes überaus ernst genommen werden sollte. Shitao gewährt mit diesem Text in der Tat kommenden Generationen großzügige Hinweise auf eine Einsicht, die jenseits von Worten gründet – so wie man es auch von großen buddhistischen Meistern in ihren „Aufgezeichneten Worten", *yulu*, erwarten würde. Da Shitao seine Ausführungen zur Malpraxis in einem alles umfassenden Heilskontext präsentiert, darf nicht verwundern, dass für ihn der rechte Gebrauch von Tusche und Pinsel zur Lebens- und Daseinsaufgabe wird. Der Maler malt in gewisser Hinsicht um sein Leben. Shitao's überlieferte Bilder zeigen vor allem Landschaften, Blumen, Orchideen und Bambus. Seine rund dreißig verschiedenen „Künstlernamen" verteilen sich auf ein Werk von bemerkenswerter stilistischer Breite. Es ist nicht leicht, einen echten „Shitao" auf Anhieb zu erkennen – ein Umstand, den bereits seine Zeitgenossen mit kaum unterdrücktem Verdruss anmerkten. Vielen seiner Bilder schrieb er provokante Aufschriften ein, die zusammen mit seinen feinen Überlegungen aus den „Aufgezeichneten Worten" alle vorgegebenen Regeln und Topoi der traditionellen Malerei auf den Prüfstand stellen.

Aufgrund seines Aufbegehrens gegen eine erstarrende Orthodoxie und seiner Absage an die blinde Methodengläubigkeit seiner Zeitgenossen sieht man in Shitao den Vater der chinesischen Malerei der Moderne. Shitao folgte in der Kunstgeschichte eine zusammenfassend als „Acht Exzentriker von Yangzhou" bezeichnete Künstlergruppe, die sich durch noch extremere Positionen auszeichnete und ihrerseits wiederum Generationen von einzigartigen Malern nach sich zog. Bis in die Gegenwart hinein berufen sich chinesische Künstler in ihrem Schaffen immer wieder auf Shitao.

Der häufige Vergleich seines Werkes mit van Gogh, Cezanne oder Pollock unterstreicht vor allem seine gegenwärtige Beliebtheit. Bei Shitao suchen Advokaten des Fortschritts nicht lange, Regelbrecher werden schnell fündig. Menschen auf der ganzen Welt fühlen sich heute von Shitao angesprochen. Sie bescheinigen ihm – im Westen wie im Osten – Extravaganz und Raffinesse, ausgeprägten Individualismus und kraftvollen Expressionismus. Indes wirkt Shitao's beinahe beliebige Anschlussfähigkeit an die Bedürfnisse der Moderne bei näherer Betrachtung oft befremdlich. Den einen dient er letztlich nur als eine willkommene Mystifizierung ihres Tuns, den anderen gibt er das so ersehnte Gefühl, immer schon international auf der Höhe der Zeit, wenn nicht gar fortschrittlich gewesen zu sein. Was die Klassizisten mit all ihrer ausgefeilten Orthodoxie nicht vermochten, ist den Modernen im Nachhinein offenbar gelungen: Shitao ist von ihnen gezähmt worden, seine Krallen sind beschnitten. Nicht mehr in der Lage, sich der Instrumentalisierung, der er sich ein Leben lang verweigert hatte, zu erwehren, muss er nun bald für jeden zur Legitimation dienen.

Die hier vorgelegte Neuübersetzung ins Deutsche legt daher besonderen Wert darauf, den kraftvollen Gestus des Textes zu bewahren. Vornehmstes Ziel war es, die Unwirtlichkeit der Ansprache Shitao's beizubehalten. Shitao hinterließ keinen gefälligen Text, der den Leser in seinen Selbstverständlichkeiten bestätigt. Die Übersetzung sollte daher auch nicht den Text dem Leser näherbringen, indem sie Sprache, Gehalt und Struktur restlos seiner unhinterfragten Erwartungshaltung anschmiegt. Die „Aufgezeichneten Worte zur Malerei" sind ein Arbeitstext. Der Leser muss sich auf den Text zu bewegen. Die Übersetzung kann dem Leser nur den Weg eröffnen, losgehen muss er selbst. Dies mag am Anfang nicht leicht fallen – Shitao war sich dessen sehr wohl bewusst (siehe 6. Absatz) und hielt dennoch unbeirrt an seinem Vorgehen fest. Er beharrte sogar darauf, dass es sich in seinen Ausführungen um Verständliches und Naheliegendes handelt. Doch schon immer galt: Nichts ist unmittelbarer als der Kern. Der Leser sollte also wachsam sein. Die ihm als aufgezeichneter Text vorliegenden Reden des Meisters sind ein sorgfältig freigegebenes Hilfsmittel. Shitao fordert den Leser unmissverständlich auf, sich ihm zu stellen.

Zur Übersetzung des *Kugua Heshang huayulu*

Dieser Übersetzung liegt eine aus dem Jahre 1732 datierende Fassung des *Kugua Heshang huayulu* 苦瓜和尚畫語錄 aus dem *Baibu congshu* zugrunde. Es wurden bei der Bearbeitung vor allem die wertvollen textkritischen Anmerkungen und Erklärungen von Nakamura Shigeo 中村茂夫, Pierre Ryckmans, Wang Hongyin 王宏印, und Yu Jianhua 俞劍華 herangezogen.

Die Entscheidung für das *Kugua Heshang huayulu* folgt der sich in der jüngeren Forschung wieder durchsetzenden Ansicht, dass das erst im Jahre 1960 im Shanghai Museum wieder entdeckte *Huapu* 畫譜, „Handbuch zur Malerei", nicht die ursprüngliche Fassung von Shitao's Gedanken ist, sondern bestenfalls eine spätere, vielleicht posthume Ausgabe aus seinem Umfeld. Für eine Gegenüberstellung beider Textfassungen sei der Leser beispielsweise auf die Ausführungen von Wang Hongyin, der kapitelweise die Unterschiede diskutiert, oder Wu Guanzhong 吳冠中, der beide Texte komplett in Kopie seinem Kommentar anhängt, verwiesen. Das *Huapu* wurde von Earle Jerome Coleman ins Englische übersetzt.

Die „Aufgezeichneten Worte des Mönchs Bittermelone zur Malerei" sind sprachlich und inhaltlich ein anspruchsvoller Text, der – nicht zufällig –

jeden Übersetzer zwingt, klare Entscheidungen zu treffen. Bei der vergleichenden Lektüre der vorausgegangenen Übertragungen in moderne Sprachen gewann der Übersetzer jedoch den Eindruck, dass jeder einzelne Versuch zu erhellenden Einsichten geführt hat, die zuvor verborgen waren. Geleitet von dieser Hoffnung wurde im Bewusstsein der eigenen Mängel auch die vorliegende Übertragung angefertigt.

> Der Meister fragte den Klosterverwalter: „Von welchem Ort kommst du?" Der Verwalter sagte: „Ich komme aus der Provinzhauptstadt, wo ich Hirse verkaufte, zurück." Der Meister fragte: „Konntest du alles verkaufen?" Der Verwalter sagte: „Ich konnte alles verkaufen." Der Meister nahm seinen Stock, zog in seinem Angesicht eine einzige Linie und sprach: „Konntest du auch das verkaufen?" Der Verwalter stieß daraufhin einen *he*-Schrei aus. Da schlug ihn der Meister. Als der Küchenchef kam, führte der Meister die vorangegangene Rede an. Der Küchenchef sagte: „Der Klosterverwalter hat nicht des Mönches Sinn getroffen." Der Meister sagte: „Was machst du?" Der Küchenchef verneigte sich daraufhin. Der Meister schlug auch ihn.*

* Siehe *Zhenzhou Linji Huizhao Chanshi yulu* 鎮州臨濟慧照禪師語錄 (Aufgezeichnete Worte des Chan-Meisters Linji „Weises Aufleuchten" aus Zhenzhou), *Taishō Shinshū Daizōkyō* 大正新脩大藏經, Bd. 47 (Text 1985), S. 503c.6

Leitfaden zum *Kugua Heshang huayulu*

Shitao ist vom ersten bis zum letzten Absatz jederzeit im Text präsent. Immer wieder macht er deutlich, dass es sich um seinen Weg handelt, der im Mittelpunkt seiner Worte steht. Es ist ein Weg, der in 18 Abschnitten präsentiert wird, auf denen der Leser die Gelegenheit hat, Shitao zu begegnen. Kein Absatz ist überflüssig. Die gegebene Reihenfolge ist bei der Lektüre zu beachten. Der gesamte Text strebt auf den letzten Absatz zu, nur um mit einer Aufforderung an den Leser auszuklingen. Shitao hat ohne Zweifel in seinen Ausführungen nicht letzte Geheimnisse preisgegeben. Er hat auch keine Anleitung zur Malerei in 18 Kapiteln verfasst. Er hat, der Tradition der „Aufgezeichneten Worte" treu, Hinweise gegeben, was es heißt, den Weg der Malerei zu suchen. Er hat also die für jeden Suchenden in den Blick kommende Aufgabe des Malens *in Gestalt* einer Aufgabe *als* Aufgabe vorgestellt. Shitao spricht also nicht mehr *über* eine Aufgabe. Sein Sprechen wird zur Aufgabe. Der Sprechende ist ganz in dieser Aufgabe geborgen. Von selbst ist sein Selbst gegenwärtig.

Shitao hat kein Problem mit seinem Ich. Er hat seine gewöhnliche Leibeshülle bereits abgestoßen und ein neues Bewusstsein erlangt. So kann auch sein Ich die Richtlinie des All-Einen Pinselstrichs im ersten Absatz aufstellen und im zweiten Absatz die endgültige Auflösung aller Richtlinien einfordern. Seine Worte wählen mit der aufgetragenen Rückkehr zum All-Einen einen steilen Einstieg. Die beiden folgenden Absätze suchen eine engere Anbindung an den Malalltag, sprechen sie doch direkt das Problem des Studiums der Alten an. Wie kann man, nachdem schon scheinbar alle Bilder gemalt sind, überhaupt noch malen? Der Maler ist ein Wandler, der in Hochachtung empfängt. Es gilt dieses feine Zusammenspiel von beständiger Bewegung und offener Ruhe wahrzunehmen. Die vorgestellte Durchlässigkeit – Bild zu Tusche zu Pinsel zu Handgelenk zu Herz – wird in den Absätzen zu Pinsel und Tusche, zur Bewegung des Handgelenks und zum Himmlisch-Irdischen Urtreiben noch einmal als Zusammenwirken von Leere und Fülle konkretisiert.

Dem achten Absatz zu Bergen und Strömen kommt eine herausragende Rolle zu: Er geht nicht nur rückblickend noch einmal auf die Bedeutung des Wirkungsverlaufs des männlich Himmlischen und weiblich Irdischen ein, er legt auch die Bedeutung des All-Einen Pinselstrichs für Shitao dar. Der Maler schaut auf seinen eigenen Werdegang zurück und erinnert sich an die Zeit, zu der er sich noch nicht gewandelt hatte und durch die Welt der Berge und Wasser zog. Der All-Eine Pinselstrich half ihm in gewisser Weise, seine

Stellung als Dritter zwischen Himmel und Erde zu finden. Der Weg des Himmels ist durch die himmlische Wirkungskraft, der Weg der Erde ist durch das *qi*, und der Weg des Menschen ist durch den All-Einen Pinselstrich gegeben.

Der neunte Absatz nimmt jedoch auch die Rede über Richtlinien wieder auf, indem er sie als äußeren Putz dem eigentlichen Kern, dem Wirkungsverlauf von männlich Himmlischem und weiblich Irdischem, gegenüberstellt. Doch seine Ausführungen zu den Richtlinien der Texturstriche zeigen, dass Shitao unter Richtlinien an dieser Stelle bereits nicht mehr den üblichen, eingeübten Vorrat an Geschicklichkeiten meint. Richtlinien sind für ihn aus einer einmaligen Lage von selbst entsprungene Behelfe. Nur so kann vermieden werden, dass der Maler nur leere Hüllen erschafft.

Mit dem letzten Absatz der ersten neun bereitet der Text auch einen neuen Gedankengang vor: Es scheint als ob sich Shitao ausgehend von Bergen und Strömen, über Grenzlande, Gehwege, Haine und Bäume, Meereswogen und schließlich bei den Vier Jahreszeiten anlangend nun den eigentlichen Fragen der Malerei zuwendet. Doch bei näherer Betrachtung zeigt sich auch in den folgenden fünf Abschnitten, dass nur scheinbar die mit der Oberfläche der Bilder verbundenen Dinge verhandelt werden. Komposition, Blickführung, Detailgestaltung kommen lediglich als Behelfsaspekte einer Bewegung, die das Äußere nach Innen und das Innere nach Außen kehrt, zur Sprache. Die Spuren der Wandlung gipfeln in dem Absatz zu Meereswogen. Der Absatz zu den Vier Jahreszeiten setzt nicht nur Dichtkunst und Bilder in Beziehung, er führt auch den Gedankengang aus der Welt wieder zum Menschen zurück: Der Maler legt in seinen Bildern Zeugnis über sich und die Welt ab. Seine Bilder reihen ihn selbst in den Kreislauf der vier Jahreszeiten ein.

Die letzten vier Absätze des Textes präsentieren sich ausdrücklich als Aufforderungen: Der Maler muss sich, obwohl er – wie gerade noch im 14. Absatz verdeutlicht – inmitten der Welt wirkt, in jedem Fall von der Welt des Staubs fernhalten. Shitao führt daher noch einmal das Ideal des höchsten Menschen vor Augen, der nicht mehr von den Zehntausend Dingen behindert wird und frei wirken kann. Wohin letztlich Shitao's Anspruch führt, lässt sich auf der Ebene des Pinselübens bereits an seinem vorletzten Absatz erahnen, in dem er an die praktischen Wurzeln des All-Einen Pinselstrichs erinnert: Sein Weg umfasst von Beginn an Malerei und Schriftkunst zugleich. Doch erst der letzte Absatz zeigt auf, dass Shitao in seinen Worten zur Malerei weit mehr als die technische Vervollkommnung des Malens im Blick hatte.

Glossar zur Übersetzung

Wie bereits angemerkt, greifen die „Aufgezeichneten Worte zur Malerei“ größtenteils auf eine eigene Sprache zurück. Damit der Leser die Entwicklung dieser textimmanenten Begrifflichkeit im Fortschreiten des Textes auch in der Übersetzung mitverfolgen kann, wurde viel Wert auf eine weitestgehend einheitliche Übersetzung wiederkehrender Formulierungen gelegt. Viele der im Text gebrauchten Leitbegriffe hatten allerdings bereits einen langen Weg in der chinesischen Geistesgeschichte hinter sich, bevor Shitao sie aufgriff; den meisten gebührte ohne Zweifel eine eigene, mehrbändige Abhandlung. Das dem Leser im Folgenden an die Hand gegebene kleine Glossar gibt daher auch nur die Hinweise, die erforderlich sind, um Shitao's Arbeit an den Begriffen in der vorliegenden Übersetzung nachvollziehen zu können. Es handelt sich also um hoch selektive Begriffseinführungen, die keineswegs den Anspruch erheben, wie Wörterbucheinträge sämtliche Bedeutungen eines Begriffs durch alle Zeiten und Texte hindurch aufzulisten.

Das Glossar ist in drei Gruppen thematisch angeordnet. Pfeile stehen für Querverweise innerhalb des Glossartextes. Folgende Begriffe werden erläutert:

Auf den Menschen äußerlich bezogen:

Das Höchste Altertum/Das Höchste Unbehauene
Die Alten/Die Zeitgenossen
Das Edle/Der Höchste Mensch
Das Abstoßen der gewöhnlichen Leibeshülle
Chan (Zen)

Auf die Welt durchgängig bezogen:

Yin und *Yang*
Das himmlisch Männliche und das irdisch Weibliche
Zehntausend Dinge/Zehntausend Erscheinungen/Zehntausend Dharmas
Die Acht Himmelsrichtungen/Die Neun Erdgegenden/Die Fünf Heiligen Berge/Die Vier Weltmeere
Qi und Drachenadern
Wirkungsverlauf
Dao

Auf das Üben (die Malerei) innerlich bezogen:

Der All-Eine Pinselstrich
Richtlinie
Leitfaden und Behelf
Gestalt und Stellung
Das Herz
Rege Lebenskraft/Bergung der reinen Gelassenheit

Das Höchste Altertum/ Das Höchste Unbehauene

Das Höchste Altertum (*taigu* 太古) verweist auf ein Zeitalter vor aller Geschichte. Allem mit ihm Verbundenen kommt höchste Legitimität zu, da damals die Welt noch in ihrem reinen Urzustande war. Tiere und Menschen sollen zusammen gelebt haben und die Götter und Weisen waren allwissend. Insbesondere für die Daoisten stellt alles später Gekommene in erster Linie eine Zerfallserscheinung dar.

Das Höchste Unbehauene (*taipu* 太樸) nimmt Bezug auf eine ähnliche Vorstellung: Das Unbehauene (*pu* 樸) ist zunächst ein unbearbeiteter Holzklotz, es verkörpert das Einfache und verweist auf sein ursprüngliches, unverdorbenes Wesen. Insbesondere Laozi baut das Unbehauene im *Daodejing* 道德經 zu einem philosophischen Begriff aus (Kapitel 28: „Zum Unbehauenen zurückkehren"):

> Das Männliche kennend und das Weibliche
> wahrend, wird man zum Talbach der Welt
> Wird man zum Talbach der Welt, verlässt einen
> die immerwährende Tugendkraft nicht
> Erneut kehrt man zur Kindlichkeit zurück
> Das Helle kennend und das Dunkle wahrend,
> wird man zum Modell der Welt
> Wird man zum Modell der Welt, wird man die
> immerwährende Tugendkraft nicht mehr verfehlen

Erneut kehrt man zum End- und Anfangslosen zurück
Die Ehre kennend und die Demütigung wahrend, wird man zum Tal der Welt
Wird man zum Tal der Welt, wird die immerwährende Tugend in einem innehalten
Erneut kehrt man zum Unbehauenen zurück
Zerstreut sich das Unbehauene, werden Gefäße daraus
Gebraucht sie der Weise, werden Staatsdiener daraus
Daher gilt: Großes Schneiden verletzt nicht

Shitao beginnt daher keineswegs zufällig mit dem Höchsten Altertum und dem Höchsten Unbehauenen seine Rede. Auch er gibt damit dem Suchenden primär eine Richtung vor. Es gilt, wieder zum ungeteilten Ursprung zurückzukehren.

Die Alten / Die Zeitgenossen

Die „Alten" (*guren* 古人) verweisen auf die großen Maler der Vergangenheit, welche noch selbst Richtlinien aufgestellt haben und nicht bereits von einem vorgegebenen Regelwerk geleitet wurden. Die Alten standen noch in Verbindung mit dem All-Einen und wirkten so trotz ihrer Richtlinien ungebunden, frei, und aus eigener Kraft harmonisch.
Für die Zeitgenossen (*shiren* 世人) sind die Alten

die großen Vorbilder. Doch sie konzentrieren sich in ihrem Nacheifern lediglich auf deren Spuren und studieren nicht das Herz der Alten. Somit sind die Zeitgenossen dazu verdammt, für immer in Abhängigkeit von Rezepten zu leben und zwangsläufig an jedem Staubkörnchen der Welt anzuecken. Sie wissen nicht mehr, was es bedeutet, der Selbstheit zu folgen.

Der Edle / Der Höchste Mensch

Der Edle (*junzi* 君子) und der Höchste Mensch (*zhiren* 至人) tauchen schon in den Schriften des Altertums auf. Dem konfuzianischen Edlen ist der Gemeine gegenübergestellt. Shitao führt den Edlen zweimal in seinen Ausführungen als mahnendes Beispiel an. Der Edle versteht es zum einen, das Altertum zu benutzen, um das Heute zu eröffnen. Er lässt sich nicht als Instrument einspannen. Zum anderen stärkt sich der Edle unentwegt, gleich dem immerwährenden Walten des Himmels. Sein Bemühen um Selbstkultivierung ist unermüdlich.

Der Höchste Mensch ist ein frühes daoistisches Ideal. Er ist vollendet an Weisheit und Tugendkraft. Sein → Herz ist leer, die irdischen Dinge können ihm nichts mehr anhaben. Auch ohne → Richtlinien erreicht er so alle Erscheinungen dieser Welt und schafft vollkommene Bilder.

Das Abstoßen der gewöhnlichen Leibeshülle

Das Abstoßen der gewöhnlichen Leibeshülle (*tuotai* 脫胎) ist ein Begriff aus dem Daoismus, der das Abstoßen des Körpers als letzten Schritt auf dem Weg zur Unsterblichkeit markiert. In der Dichtkunst wird dieser Begriff auch übertragen für das Übernehmen der Richtlinien eines früheren Dichters und deren Wandlung gebraucht.

Chan (Zen)

Chan 禪 ist der verkürzte chinesische Ausdruck, der bei der Einführung des Buddhismus für den Sanskrit-Begriff *dhyāna* (Meditation, Gedanke, Reflektion) gewählt wurde. Die von dem indischen Mönch Bodhidharma im 6. Jahrhundert nach China gebrachte Form des Buddhismus stellte meditative Konzentration in den Mittelpunkt ihres Übens und wurde folglich danach benannt. Als erster Patriarch begründet Bodhidharma die chinesische Tradition des Chan-Buddhismus, auf den sich bis heute die Patriarchen der verschiedenen Chan-Schulen berufen. Im Westen ist diese Richtung des Buddhismus besser unter der japanischen Lesung desselben Zeichens, Zen, bekannt. Shitao spricht nur einmal von dem in Bildern gegebenen „Zen", das er der in Gedichten gegebenen Herzensabsicht gegenüberstellt. An dieser Stelle bezeichnet der Begriff natürlich nicht konkret den Zen-Buddhismus als Schule, sondern vielmehr die darin geborgenen Bewusstseinsformen, welche → Herz und Welt wandeln.

Yin und *Yang*

Yin 陰 und *yang* 陽 stehen zunächst für die Schatten- und Sonnenseite eines Berges, das Dunkle und das Helle. Im „Buch der Wandlungen" (*Yijing* 易經) werden *yin* und *yang* auch als die „beiden Partner" (*liang yi* 兩儀) bezeichnet, wobei die durchgezogene Linie (——) für *yang* und die gebrochene Linie (– –) für *yin* steht. Aus ihnen setzen sich dann die acht Trigramme und die 64 Hexagramme zusammen. *Yin* und *yang* sind als Begriffspaar in ihrem Verhältnis zum Allerhöchsten (○, *taiji* 太極) zu betrachten: Das Allerhöchste bezeichnet den Zustand, als Himmel und Erde noch nicht unterschieden waren, und das Ur-*qi* vermengt und eins war. Das Allerhöchste benennt das, was nicht als Extrem gegeben und dennoch das Allerhöchste ist. Das Allerhöchste bewegt sich und *yang* wird hervorgebracht. Die Bewegung erreicht ihr Extrem und Ruhe kehrt ein. In der Ruhe wird *yin* hervorgebracht. Die Ruhe erreicht ihr Extrem und es kommt erneut zur Bewegung. Weder Ruhe und Bewegung noch *yin* und *yang* haben einen Anfang. Das im *yin* gegebene *yang* ist die Wurzel der Bewegung des *yang*. Das im *yang* gegebene *yin* ist die Wurzel der Ruhe des *yin*. *Yin* und *yang*, auch die zwei *qi* genannt, stehen in stetem dynamischen Wechselspiel miteinander. Aus diesem gehen die fünf Wandlungsphasen (*wu xing* 五行) hervor: Wasser, Feuer, Holz, Metall und Erde. Sie treten ebenfalls als Kreislauf ohne Anfang und Ende auf. Sie entfalten sich ihrer Ordnung gemäß, und die vier Jahreszeiten – Frühling, Sommer, Herbst und Winter – nehmen ihren Lauf. Doch obwohl die fünf Wandlungsphasen fünf distinkte Qualitäten beschreiben, sind sie letztlich nur zwei im Kern: *yin* und *yang*. So entstehen schließlich mit der Vereinigung von *yin* und *yang* die → Zehntausend Dinge der Welt. Ausgedeutet können *yin* und *yang* für eine Vielzahl konkreter Gegensatzpaare stehen: *yang* beispielsweise für Himmel, Sonne, Herrscher, Mann, Tag, Wärme, Härte und Berg; *yin* beispielsweise für Erde, Mond, Untertan, Frau, Nacht, Kälte, Weichheit und Wasser.

Das himmlisch Männliche und das irdisch Weibliche

Das himmlisch Männliche (*qian* 乾) und das irdisch Weibliche (*kun* 坤) treten im „Buch der Wandlungen" als Trigramme (☰ und ☷) und als Hexagramme (䷀ und ䷁) des gleichen Namens auf.

Das himmlisch Männliche setzt sich ausschließlich aus *yang*-Linien zusammen, das irdisch Weibliche setzt sich nur aus *yin*-Linien zusammen. Sie sind die ersten beiden Hexagramme im „Buch der Wandlungen". Das himmlisch Männliche und das irdisch Weibliche können ausgedeutet für Himmel und Erde, Sonne und Mond, Kaiser und Kaiserin etc. stehen. Das himmlisch Männliche ist *yang* und standhaft. Auf seinem Weg kommt das Männliche in die Welt. Es ist der Weg des Vaters. Das irdisch Weibliche ist *yin* und folgsam. Auf seinem Weg kommt das Weibliche in die Welt. Es ist der Weg der Mutter. Somit entstehen letztlich alle Dinge dieser Welt aus dem Wandel von → *yin* und *yang*, den zwei → *qi*. Die → Zehntausend Dinge der Welt werden geboren und wandeln sich auf diesem Weg – ohne Ende. Der Weg des himmlisch Männlichen und des irdisch Weiblichen wird wie die Geburt der → Zehntausend Dinge aus der Wandlung des *qi* durch einen geschlossenen, leeren Kreis bezeichnet. Shitao spricht mehrmals die große Bedeutung des männlich Himmlischen und irdisch Weiblichen an – ihren → Wirkungsverlauf gilt es zu ergründen, will man den unverfälschten Kern von Bergen und Wassern erlangen.

Zehntausend Dinge/Zehntausend Erscheinungen/Zehntausend Dharmas

„Zehntausend" bezeichnet die höchste Zahl im Chinesischen, daher benennen die Zehntausend Dinge (*wan wu* 萬物) alle Dinge dieser Welt. Dinge umfassen dabei in der Regel sowohl Unbelebtes als auch Belebtes, können aber auch speziell Lebewesen meinen. Auch der Mensch kann ihnen zugerechnet werden.

Die Zehntausend Erscheinungen (*wan xiang* 萬象) sprechen die Zehntausend Dinge dieser Welt als Phänomene an. „Erscheinungen" (*xiang* 象) ist als „Bilder" ein wichtiger Begriff des „Buchs der Wandlungen". Im Himmel vollenden sich die Bilder, auf der Erde vollenden sich die Gestalten, und Veränderung und Wandel treten in Erscheinung. Die Bilder des Himmels verkünden Glück oder Unheil. Die alten Weisen haben ihnen in Form der Hexagramme des „Buchs der Wandlungen" als Bild Gestalt gegeben. Allen Deutungen der Hexagramme ist daher auch ein eigener Bild-Kommentar beigefügt.

Im Buddhismus sind die Zehntausend Erscheinungen sämtlich der großen Leere inbegriffen. Alle Dharmas sind leer und entstehen nur in Abhängigkeit in einem Kreislauf aus Illusion, Karma und Leiden, wie er in den zwölf Gliedern des Entstehens in Abhängigkeit beschrieben ist (vgl. Motto zum Kommentar zu Absatz 16). Sie sind in gewisser Weise nur Bewusstseinserscheinungen. Als Zehntausend Dharmas (*wan fa* 萬法) sind sie das All-Eine Herz (*yi xin* 一心). Als das All-Eine Herz ist es die Zehntausend Dharmas. Aus dem All-Einen Herz entstehen die Zehntausend Dharmas. Die Zehntausend Dharmas sind all-ein und nichtverschieden. Die Zehntausend Dharmas sind nicht zwei.

Wenn Shitao von den Zehntausend Dingen spricht, gilt es den stets mitgedachten buddhistischen Zusammenhang im Auge zu behalten. Ansonsten werden die Zehntausend Dinge – wie von ihm befürchtet – zwangsläufig zum Hindernis werden.

Die Acht Himmelsrichtungen/ Die Neun Erdgegenden / Die Fünf Heiligen Berge / Die Vier Weltmeere

Die äußersten Punkte der Acht Himmelsrichtungen (*ba ji* 八極) – Osten, Süden, Westen, Norden, Südosten, Südwesten, Nordosten und Nordwesten – bezeichnen die ganze Welt bis an ihre äußersten Grenzen. Die Neun Erdgegenden (*jiu tu* 九土) bezeichnen das Territorium der Neun Provinzen (*jiu zhou* 九州) des alten China, das heißt das gesamte Reich. Die Vier Weltmeere (*si hai* 四海) umgaben nach alter Vorstellung im Osten, Süden, Westen und Norden ganz China, auch sie stehen später letztlich für die gesamte

Welt. Die Fünf Heiligen Berge (*wu yue* 五岳) sind eine Sammelbezeichnung für die bedeutendsten chinesischen Berge, die sich in der Regel, mit einem Berg im Osten, einem im Süden, einem im Westen, einem im Norden und einem in der Mitte die fünf Richtungen (einschließlich Mitte) verkörpernd, in der Welt verteilen. Wie bereits bei den Neun Erdgegenden lassen sich auch für die Fünf Heiligen Berge je nach Quelle und Zeit unterschiedliche Konkretisierungen finden. Shitao unterstreicht mit diesen Formulierungen bewusst den allumfassenden Anspruch seiner Ausführungen: Denn nur einem → Höchsten Menschen kann es gelingen, die ganze Welt, vom Himmel bis zur Unterwelt, vom Zentrum bis an die äußersten Ränder ohne Schaden zu durchdringen.

Qi und Drachenadern

Was ist *qi* 氣? Es gibt kein Bild davon und es hat keine Gestalt. Es hat keinen Klang und keinen Geruch. Aus *qi* werden alle Dinge geboren. Die Geburt des Menschen ist eine Ansammlung von *qi*. Versammelt es sich, dann kommt es zur Geburt. Zerstreut es sich, dann kommt es zum Tod. In diesem steten Wandel sind die → Zehntausend Dinge eins. Das All-Eine *qi* durchdringt die ganze Welt. Der Mensch ist inmitten von *qi*, das *qi* ist mitten im Menschen. Daher kommt der Arbeit mit dem *qi*, wie sie in der chinesischen Medizin oder den Kampfkünsten gelehrt wird, auch so viel Bedeutung zu. Oft setzt man das *qi* im Menschen mit dem Atem, in der Natur mit der Luft oder anderen konkreten atmosphärischen Erscheinungen wie Brodem, Nebel oder Wolken gleich. Jedoch ist der Atem letztlich nur ein Gebrauchsaspekt des *qi*, nicht sein eigentliches Wesen.

Als Lebensquell in allen konkreten Erscheinungen der Welt entscheidet sein unbeeinträchtigtes Fließen über Heil und Unheil, Gesundheit oder Siechtum. *Qi* gibt es in unterschiedlichen Qualitäten, und es zirkuliert nach alter Vorstellung in Leitbahnen (*qimo* 氣脈), die sich sowohl im Körper des Menschen als auch in der Welt ansprechen lassen. Während man in Bezug auf den Körper heute im Westen von „Meridianen" spricht, wird traditionell die „Landschaft", also die Stellung von Bergen und Wassern, auf Drachenadern (*longmo* 龍脈) hin gelesen. Die Werke der Dichtkunst und der Malerei können ebenso auf das in ihnen statthabende Fließen des *qi* angesprochen werden. Das gilt zumindest im Idealfall, da selbstverständlich auch Kunst tot sein kann.

Wirkungsverlauf

Ursprünglich wird das in der Übersetzung mit Wirkungsverlauf übertragene Zeichen *li* 理 mit dem Bearbeiten von Jade erläutert. Das Bahnenmuster der Äderung (ebenfalls *li* 理) gibt dem Handwerker dabei die Möglichkeiten zur Bearbeitung vor, will er nicht blind riskieren, den Stein zu zerstören. Da Jade nach alter Vorstellung die feinste Äderung besitzt, konkretisiert sich die Bedeutung des Zeichens auf treffliche Weise – zweifach – an ihr: Das als Kern angelegte Bahnenmuster bedingt jegliche Wandlung des Gegebenen. Doch nicht nur Steine haben nach traditioneller Vorstellung eine Äderung, allen → Zehntausend Dingen ist ein Bahnenmuster zu eigen. Für Handwerker, Herrscher oder Weise gilt daher: Folgt man dem im jeweiligen Zusammenhang gegebenen Bahnenmuster, dann stellt sich Ordnung ein, handelt man ihm zuwider, kommt es zu Unordnung und Rebellion. Daher kann das Zeichen *li* 理 in der Übertragung als Zeitwort, das dem gegebenen Bahnenmuster Rechnung trägt, gleichermaßen das Regieren des Volkes, das Regeln von Angelegenheiten, die Verhandlung eines Gerichtsfalles, das Arbeiten mit → *yin* und *yang* oder eben das Bearbeiten von Jade bezeichnen. Wenn die Herausforderung für Weise wie Maler darin besteht, durch die äußere Schönheit von Himmel und Erde hindurch zum unverfälschten Kern der Zehntausend Dinge vorzudringen, sollte das Zeichen *li* 理 als Nennwort – zumindest im Zusammenhang mit den Ausführungen Shitaos – nicht mehr wie so oft mit Ordnungs- oder Strukturprinzip übersetzt werden. Wenn das eigentliche Wirken des Malers sich nur aus dem Nicht-Handeln heraus erschließt, erfordert dies offenbar ein höheres Verständnis von Vorgängen, als es das alltägliche Bewusstsein von einzelnen, linear messbaren Handlungen möglich erscheinen lässt. Das Wandeln des → Höchsten Menschen ist ohne Anfang und Ende, sein Wirken steht nicht mehr in Differenz zur Welt. Sein Wirkungsbewusstsein kann daher auch nicht auf der Statik vorgegebener Ordnungen oder Strukturen gründen, als Maler muss er in seinem Vorgehen dynamisch auf die Wirkungsverläufe (*li* 理) der ganzen Welt antworten. Das zu den Wirkungsverläufen führende Begreifen wird deshalb bevorzugt als ein Durchdringen oder ein Erfassen beschrieben.

Dao

Dao 道 bedeutet ursprünglich Weg. Indes ist der Weg, den man als Weg bezeichnen kann, nicht der Weg, nach dem die Menschen seit frühester Zeit streben. *Dao* oder „Weg" sind nur den Weisen abgetrotzte Namen, nicht mehr als Platzhalter, die aufgefüllt werden müssen. Der Sachverhalt wird

keineswegs dadurch einfacher, dass *dao* 道 selbst auch „sprechen“ heißen kann.
Als „Weg zu etwas“ heißt *dao* auch die rechte Methode. Damit ist der Weg einerseits ein in allen Lebenslagen zu verwirklichendes Ideal, andererseits ist es der in den → Zehntausend Dingen wirksame Weg, wie er von Laozi im *Daodejing* beschrieben wird (Kapitel 25 „Dem Ursprung ein Bild verleihen“):

> Es sind Dinge darin gegeben, die aus dem untrennbaren Urgemenge hervorgebracht werden
> Vor Himmel und Erde bringt es hervor
> Es ist lautlos, es ist ohne Gestalt
> Es steht ohne Gleichen dar und ist in seinem Wandeln beständig
> Überall waltet es und ist doch nicht in Gefahr
> Man kann es für die Mutter aller Dinge dieser Welt halten
> Ich kenne seinen Namen nicht
> Belege ich es mit einem Zeichen, so nenne ich es *dao* 道
> Zwingt man mich ihm einen Namen zu geben, so nenne ich es groß
> Groß heißt es geht darüber hinaus
> Es geht darüber hinaus heißt, es gelangt in alle Ferne
> Es gelangt in alle Ferne heißt, es kehrt zurück
> Daher ist das *dao* groß, der Himmel groß, die Erde groß und auch der König groß
> Innerhalb dieses Bereichs gibt es die vier Großen
> Und der König weilt darin in dem All-Einen
> Der Mensch nimmt sich die Erde zur Richtlinie

Die Erde nimmt sich den Himmel zur Richtlinie
Der Himmel nimmt sich das *dao* zur Richtlinie
Das *dao* nimmt sich das von Selbst-so-sein zur Richtlinie

In Shitao's aufgezeichneten Worten ist dem Weg als Begriff nicht viel Raum zugemessen. Dennoch ist der Weg der Malerei natürlich spätestens mit dem Ende des ersten Absatzes als sein Weg, der dem Maler das All-Eine gewährt, den ganzen Text hindurch latent präsent.

Der All-Eine Pinselstrich

Der All-Eine Pinselstrich (*yi hua* 一畫) eröffnet nicht nur als Titel des ersten Abschnitts Shitao's Werk. Ohne Gestalt und ohne Klang wird mit ihm unmittelbar das All-Eine angesprochen. Daher umschreibt ihn Shitao eben auch als den Ursprung alles Gegebenen, die Wurzel der → Zehntausend Erscheinungen. Der All-Eine Pinselstrich umfasst alles dieser Welt, ihn gilt es zu beherrschen – nur so können die Pinselstriche dem → Herzen folgen. Der All-Eine Pinselstrich soll den Maler befreien, ihn soll er zu seiner ganzen Weite ausbauen – und trotz allem ist der All-Eine Pinselstrich als → Richtlinie nur ein Hilfsmittel, das es abschließend zusammen mit allen anderen Zehntausend Richtlinien in ihrer vorläufigen

Abhängigkeit aufzulösen gilt. Der All-Eine Pinselstrich ist somit Aufgabe für den suchenden Maler.

Richtlinie

Shitao schreibt in seinen Bildaufschriften das in der Übersetzung mit Richtlinie übertragene Zeichen *fa* 法 oftmals in der alten Variante *fa* 灋. Dieses Zeichen wurde zunächst als Strafe und dann gemäß seiner graphischen Bestandteile – eben wie die Oberfläche des Wassers (氵), dabei denjenigen entfernend (去), der von der göttlichen Bergziege (廌), die im Streitfall stets den Schuldigen aufspießt, als Verbrecher markiert wurde – auch übertragen als unparteiisches Gesetz gedeutet. Darüber hinaus verweist das Zeichen aber auch allgemein auf jegliche Muster, Maßregeln, Modelle oder Methoden. Als der Buddhismus nach China kam, wurde *fa* 法 der Übersetzungsbegriff für den Sanskrit-Begriff *dharma* (fest, Regel, Gesetz, Praxis etc.). Dharma steht nicht nur für das von Buddha verkündete Gesetz. Die Lehre des Buddha fällt als solche zusammen mit der Wirklichkeit. Dharma steht letztlich auch für das Ganze – also alles: klein oder groß, sichtbar oder unsichtbar, wirklich oder unwirklich, Angelegenheiten, Wahrheiten, Methoden, konkrete Dinge oder abstrakte Ideen. Alle Dharmas sind indessen leer.

Für den vorliegenden Text wurde der Begriff Richtlinie für *fa* 法 gewählt, um vor allem die Vorläufigkeit der dem Maler gegebenen Regeln, Methoden oder Verfahrensweisen hervorzuheben. Shitao spricht ja selbst bereits im zweiten Absatz davon, die gerade erst eingeführte Richtlinie des → All-Einen Pinselstrichs abschließend aufzulösen. Keine Richtlinie sollte den Maler in die Abhängigkeit von etwas anderem (*yi ta* 依他) führen.

Leitfaden und Behelf

Im frühen chinesischen Kontext wird mit „Leitfaden" (*jing* 經) und „Behelf" (*quan* 權) das Verhältnis zwischen allgemeingültigen Grundregeln und dem notwendig fallweise Abzuwägendem benannt. Shitao spricht in diesem Sinne auch bei der Malerei von gewährten Leitfäden und jeweilig abzuwägenden Behelfen. Jedoch gewinnt der Begriff Behelf vor dem Hintergrund des Buddhismus eine erweiterte Bedeutung. Behelf (*quan* 權) bezeichnet nämlich dort auch alle vorläufigen Hilfsmittel, die der eigentlichen Wirklichkeit (*shi* 實) gegenüberstehen. In gewisser Weise sind daher die in der Malerei gewährten Leitfäden und jeweilig abzuwägenden Behelfe selbst nichts anderes als vorläufige Hilfsmittel. Behelfe sind – gemäß Shitao – aber nicht nur dem Menschen, sondern auch Himmel und Erde gegeben. Behelfe gewähren Wandel.

Gestalt und Stellung

Eine leibliche Gestalt (*xing* 形) und das einer Stellung (*shi* 勢) entsprechende Auftreten wird in der Regel Menschen zugesprochen. Liest man jedoch Shitao's Ausführungen sind es ausschließlich Berggipfel, Meere oder Bäume, denen diese Qualitäten zugeschrieben werden. Wer Bilder wie Gedichte „liest" – was allein schon durch die ernstzunehmende Formulierung „Bilder niederschreiben" ausdrücklich nahegelegt wird – dürfte bei näherer Betrachtung all dieser einsamen Figuren zahlreiche Hinweise zur Intention des Malers finden. Vor dem Hintergrund der „Aufgezeichneten Worte zur Malerei" ist es aber zunächst wichtig zu bemerken, dass kein Abschnitt der Behandlung von Menschen in der Malerei gewidmet ist, obwohl sie durchaus immer wieder in den „Landschaftsbildern" auftauchen.

Das Herz

Das Herz (*xin* 心) ist in der chinesischen Tradition zugleich Sitz der Gefühle und der Vernunft. Im Buddhismus führt die Suche nach der Buddhaschaft unmittelbar zum Herzen. Wenn das Herz Buddha denkt, ist dieses Herz Buddha. Shitao fordert, dass die Malerei dem Herzen folge.

Rege Lebenskraft/ Bergung der reinen Gelassenheit

Das Begriffspaar „Bergung der reinen Gelassenheit" (*meng yang* 蒙養) und „rege Lebenskraft" (*sheng huo* 生活) erschließt sich zunächst aus dem von Shitao geforderten Zusammenwirken von Tusche und Pinsel: Für den Maler gilt es, beide gleichermaßen zu beherrschen. Voraussetzung dafür ist, dass die Tusche durch die Bergung der reinen Gelassenheit über himmlische Wirkungskraft (*ling* 靈) und der Pinsel durch rege Lebenskraft über Geisteskraft (*shen* 神) verfügt. Geisteskraft wird dabei dem Pinsel, der Bewegung und der Fülle, himmlische Wirkungskraft der Tusche, dem ruhigen Empfangen und der Leere aufgetragen. Das Bild empfängt die Tusche, die Tusche empfängt den Pinsel, der Pinsel empfängt das Handgelenk, das Handgelenk empfängt das → Herz. Malerei folgt dem Herzen. Sie ist im Einklang mit dem Wirken von Himmel und Erde. Es gilt, ihren → Wirkungsverlauf zu durchdringen. Noch bevor man die Tusche empfängt, gedenkt man zuerst seiner reinen Gelassenheit. Befindet man sich inmitten des Tuschemeeres, richtet man fest seine feinste Geisteskraft auf. Wenn sich die Pinselspitze senkt, setzt man die angesammelte rege Lebenskraft frei. Wenn man einmal den Pinsel ergriffen hat, achtet man immer wieder genau auf das Bergen. Das mit Bergen übertragene Zeichen *yang* 養 bezeichnet ursprünglich das Ernähren von Dingen. Das mit reiner Gelassenheit übertragene Zeichen *meng* 蒙 bedeutet in unserem Zusammenhang zunächst die jugendliche Unwissenheit. *Meng* 蒙 ist aber auch ein Hexagramm ䷃ aus dem „Buch der Wandlungen", das sich aus den Bildern Berg (Trigramm *gen* ☶) und Wasser (Trigramm *kan* ☵) zusammensetzt. Es wird vom Kommentar zur Reihenfolge der Hexagramme auf folgende Weise an vierter Stelle eingereiht:

> Sind Himmel und Erde gegeben, dann werden danach die Zehntausend Dinge durch sie geboren. Weil das, was den Raum zwischen Himmel und Erde erfüllt, eben die Zehntausend Dinge sind, deswegen schließt man daran [an die ersten beiden Hexagramme *qian* 乾 und *kun* 坤] mit dem Hexagramm *zhun* 屯 an. *Zhun* ist das Erfüllen, das anfängliche Geborenwerden der Dinge. Weil die Dinge bei ihrer Geburt zwangsläufig unwissend sind, deswegen schließt man daran mit dem Hexagramm *meng* 蒙 an. *Meng* ist die kindliche Unwissenheit, der kindliche Zustand der Dinge. Weil man die Dinge, wenn sie noch klein sind, nicht ohne Ernährung lassen kann, reiht man daran das Hexagramm *xu* 需 an. *Xu* ist der Weg des Trinkens und Essens.

Mit Blick auf die Gesamtbewegung des Textes scheint es geboten, nicht einfach – die Richtung verkehrend – von einer „Nährung der kindlichen Unwissenheit" zu sprechen. Kraft des Ausdrucks „Bergen" soll vielmehr unterstrichen werden, dass das Vermisste bereits in uns präsent ist und nur wieder entdeckt werden muss. Ebenso soll die Formulierung „reine Gelassenheit“ andeuten, dass es Aufgabe ist, sich selbst gelassen zu haben.

Quellennachweise der Zitate

1. Absatz: Siehe *Dadizi ti hua shi ba* 大滌子題畫詩跋, 1.16a–b.

2. Absatz: Siehe Shitao's Aufschrift auf einem Bild aus dem „Album mit 12 Landschaften", Abbildung 16, abgebildet in Victoria Contag, *Die beiden Steine*.

3. Absatz: Siehe Shitao's Aufschrift auf dem Bild *Kuang he qing feng* 狂壑晴風, abgebildet in *Shitao shu hua quanji* 石濤書畫全集, Nr. 343.

5. Absatz: Bildaufschrift zitiert nach Yu Jianhua 俞劍華, *Shitao hua yulu* 石濤畫語錄, S. 108/109.

6. Absatz: Bildaufschrift zitiert nach Yu Jianhua 俞劍華, *Shitao hua yulu* 石濤畫語錄, S. 107/108.

7. Absatz: Bildaufschrift zitiert nach Zhu Liangzhi 朱良志, *Shitao yanjiu* 石濤研究, S. 54.

8. Absatz: Siehe *Dadizi ti hua shi ba* 大滌子題畫詩跋, 2.10a.

9. Absatz: Bildaufschrift zitiert nach Yu Jianhua 俞劍華, *Shitao hua yulu* 石濤畫語錄, S. 111.

10. Absatz: Siehe *Dadizi ti hua shi ba* 大滌子題畫詩跋, 1.8a.

11. Absatz: Siehe *Wumen guan* 無門關, *Taishō Shinshū Daizōkyō* 大正新脩大藏經, Bd. 48 (Text 2005), S. 292b.12.

12. Absatz: Siehe *Dadizi ti hua shi ba* 大滌子題畫詩跋, 1.2b.

13. Absatz: Siehe Shitao's Aufschrift auf dem Bild *Dadizi zi xie shui niu tu* 大滌子自寫睡牛圖, zitiert nach Wang Hongyin 王宏印, *Huayulu zhushi yu Shitao hualun yanjiu* 畫語錄注譯與石濤畫論研究, S. 324.

14. Absatz: Siehe Shitao's Aufschrift auf dem Bild *Shu hua za œ shisi kai zhi si* 書畫雜冊十四開之四, abgebildet in Zhu Liangzhi 朱良志, *Shitao yanjiu* 石濤研究, S. 42.

15. Absatz: Siehe *Ahan kou jie shier yinyuan jing* 阿含口解十二因緣經, *Taishō Shinshū Daizōkyō* 大正新脩大藏經, Bd. 25 (Text 1508), S. 53a.7.

16. Absatz: Bildaufschrift zitiert nach Yu Jianhua 俞劍華, *Shitao hua yulu* 石濤畫語錄, S. 106.

17. Absatz: Siehe *Dadizi ti hua shi ba* 大滌子題畫詩跋, 1.2a.

18. Absatz: Siehe Shitao's Aufschrift auf dem Bild *Shan shui hua hui ba kai zhi qi* 山水花卉八開之七, abgebildet in *Shitao shu hua quanji* 石濤書畫全集, Nr. 307.

Literaturverzeichnis

BAUER, WOLFGANG: *Das Antlitz Chinas: Die Autobiographische Selbstdarstellung in der chinesischen Literatur von ihren Anfängen bis heute.* München, Wien, Carl Hanser Verlag, 1990.

CHENG, FRANÇOIS: *Fülle und Leere. Die Sprache der chinesischen Malerei.* Berlin, Merve Verlag, 2004.

CHOU, JU-HSI: *In Quest of the Primordial Line: The Genesis and Content of Shih-t'ao's Hua-yu-lu.* Ph. D. Dissertation, Princeton University, 1969.

CHOU, JU-HSI: *The Hua-yu-lu and Tao's Theory of Painting.* Occasional Papers, 9. Phoenix, Arizona State University, 1977.

CHOU, JU-HSI: "Are We Ready for Shih-t'ao?" In: *Phoebus: A Journal of Art History* 1 (special issue), 1979.

COLEMAN, EARLE JEROME: *Philosophy of Painting by Shi-t'ao: A Translation and Exposition of His "Hua-p'u" (Treatise on the Philosophy of Painting).* The Hague, Mouton, 1978.

CONTAG, VICTORIA: *Die beiden Steine. Beitrag zum Verständnis des Wesens chinesischer Landschaftsmalerei.* Braunschweig, Hermann Klemm, 1950.

EDWARDS, RICHARD: *The Painting of Tao-chi, 1641– ca. 1720.* Ann Arbor, Museum of Art, University of Michigan, 1967.

FONG, WEN: "A Letter from Shih-t'ao to Pa-ta-shan-jen and the Problem of Shih-tao's Chronology." In:

Archives of the Chinese Art Society of America XIII (1959), pp. 22–53.

FU, MARYLIN und FU, SHEN: *Studies in Connoisseurship: Chinese Painting from the Arthur M. Sackler Collection in New York and Princeton*. Princeton, Princeton University Press, 1973.

HUANG LANPO 黃蘭波: *Shitao Huayulu yijie* 石濤畫語錄議解. Beijing, Chaohua meishu chubanshe, 1963.

HAN LINDE 韓林德: *Shitao yu Huayulu yanjiu* 石濤與畫語錄研究. Nanjing, Jiangsu meishu chubanshe, 1994.

HAY, JONATHAN: *Shitao. Painting and Modernity in Early Qing China*. New York, Cambridge University Press, 2001.

JIANG YIHAN 江一涵: *Shitao Huayulu yanjiu* 石濤畫語錄研究. Taibei, Zhongguo wenhua daxue chubanbu, 1982.

KOHARA HIRONOBU 古原宏伸: "Sekitō *Gagoroku* no ihon ni tsuite" 石濤 «畫語錄» の 异本 について, *Kokka* 國華 876 (März 1965), pp. 5–14.

KOHARA HIRONOBU 古原宏伸: "Sekitō daiki chimei jinmei sakuin kô" 石濤題記地名人名索引稿, *Nara Daigaku kiyō* 奈良大學紀要 13 (Dezember 1984), pp. 150–74.

LIN YUTANG 林語堂: *The Chinese Theory of Art: Translations from the Masters of Chinese Art*. London, Heinemann, 1967.

NAKAMURA SHIGEO 中村茂夫: *Sekitō–hito to geijutsu* 石濤一人と芸術. Tōkyō, Tōkyō bijutsu, 1985.

RYCKMANS, PIERRE: *Les "Propos sur la Peinture" de Shitao: Traduction et Commentaire pour Servir de Con-*

tribution a l'Étude Terminologique et Esthétique des Théories Chinoises de la Peinture. Bruxelles, Institut Belge des Hautes Études Chinoises, 1970.

SHITAO 石濤: *Kugua Heshang Huayulu* 苦瓜和尚畫語錄. In: *Baibu congshu* 百部叢書. Taibei, Yiwen yinshuguan, 1965.

SHITAO 石濤: *Shitao shu hua quanji* 石濤書畫全集. Tianjin, Tianjin renmin meishu chubanshe, 1995.

SHITAO 石濤: *Dadizi ti hua shi ba* 大滌子題畫詩跋. In: *Meishu congshu* 美術叢書. Shanghai, Shenzhou guoguangshe, 1947.

STRASSBERG, RICHARD E.: *"Enlightening Remarks on Painting" by Shih-t'ao* (Pacific Asia Art Museum Monographs 1). Pasadena, Pacific Art Museum, 1989.

WANG HONGYIN 王宏印: *Huayulu zhushi yu Shitao hualun yanjiu* 畫語錄注譯與石濤畫論研究. Beijing, Beijing tushuguan chubanshe, 2007.

WU GUANZHONG 吳冠中: *Wo du Shitao Huayulu* 我讀石濤畫語錄. Beijing, Rong Baozhai chubanshe, 1997.

YU JIANHUA 俞劍華: *Shitao Huayulu* 石濤畫語錄. Nanjing, Jiangsu meishu chubanshe, 2007.

ZHANG ZINING 張子寧 (Joseph Chang): "Shitao de *Baimiao shiliu zunzhe* juan yu *Huangshan tu* ce" 石濤的 «白描十六尊者» 卷與 «黃山圖» 冊, *Guoli lishi bowuguan guankan* 國立歷史博物館館刊 3 (1), 1993, pp. 60–82.

ZHOU YUANBIN 周遠斌: *Kugua Heshang Huayulu* 苦瓜和尚畫語錄. Jinan, Shandong Huabao chubanshe, 2007.

ZHU LIANGZHI 朱良志: *Shitao yanjiu* 石濤研究. Beijing, Beijing daxue chubanshe, 2005.

Abbildungsnachweise

Das Copyright für die Reproduktion der Abbildungen in diesem Band liegt bei den genannten Museen. Der Verlag hat sich bis zur Drucklegung intensiv bemüht, alle Inhaber von Abbildungsrechten zu kontaktieren. Personen und Institutionen, die Rechte an Abbildungen beanspruchen, von uns aber nicht erreicht wurden, werden gebeten, sich mit dem Verlag in Verbindung zu setzen.

Copyright on the works reproduced lies with the respective museums. Despite extensive research, it has not always been possible to establish licensing agreements. Where this is the case, we would appreciate notification.

Frontispiz und
Abb. 1: Shitao (und nicht identifizierter Porträtist?), *Meister Shi beaufsichtigt das Pflanzen von Kiefern*, datiert 1674, Handrolle (Detail). National Palace Museum, Taipei.

Abb. 2: Shitao, *Die Sechzehn Luohan*, datiert 1667, Handrolle (Detail). The Metropolitan Museum of Art, Gift of Douglas Dillon, 1985 (1985. 227.1). Image © The Metropolitan Museum of Art, New York.

Abb. 3: Shitao, *Das Echo*, 1678, Albumblatt als Hängerolle montiert. © The Art Museum, Princeton University. Gift of the Arthur M. Sackler Foundation, y1967-20.

Abb. 4: Shitao, *Auf der Suche nach Pflaumenblüten: Gedichte und Malerei*, datiert 1685, Handrolle. © The Art Museum, Princeton University. Gift of the Arthur M. Sackler Collection, y1967-3.

Abb. 5: Shitao, *Zehntausend Hässliche Tuschekleckse*, datiert 1685, Handrolle. Ehemals Suzhou Museum.

Abb. 6: Shitao, *Bergpavillon, Landschaften für den Daoisten Yu*, ca. 1686-1689, Albumblatt. Sammlung der Familie C. C. Wang, New York.

Abb. 7: Shitao, *Tao Yuanming genießt Chrysanthemenduft.* Blatt aus dem Album *Blumen und Figuren*, 1695. © The Art Museum, Princeton University. Gift of the Arthur M. Sackler Foundation for The Arthur M. Sackler Collection y1967-16 a-h (e).

Abb. 8: Shitao, *Bananenblätter und Kiefernast*. Blatt aus dem Album *Blumen und Figuren*, 1695. © The Art Museum, Princeton University. Gift of the Arthur M. Sackler Foundation for The Arthur M. Sackler Collection y1967-16 a-h (g).

Abb. 9: Shitao, *Abschied vom Flussdorf am Weißen Sand, Zurück nach Hause*, 1695, Albumblatt. The Metropolitan Museum of Art, From the P. Y. and Kinmay W. Tang Family, Gift of Wen and Constance Fong, in honor of Mr. and Mrs. Douglas Dillon, 1976 (1976.280e). Image © The Metropolitan Museum of Art, New York.

Abb. 10: Shitao, *Landschaft im Stil des Ni Zan*, datiert 1697, Hängerolle. © The Art Museum, Princeton University. Carl Otto von Kienbusch Jr. Memorial Collection y1958-122.

Abb. 11: Shitao, *Erinnerungen des Dadizi aus Qingxiang an die Sechsunddreißig Gipfel*, um 1697, Hängerolle. The Metropolitan Museum of Art, Gift of Douglas Dillon, 1976 (1976.1.1). Image © The Metropolitan Museum of Art, New York.

Abb. 12: Shitao, *Der Wasserfall am Berg Lu*, ca. 1698-1700, Hängerolle. Sen'oku Hakkokan, Sammlung Sumitomo, Kyōto.

Abb. 13: Shitao, *Nach Shen Zhou's „Bronzepfau-Tuschereibstein"*, ca. 1698-1703, Hängerolle. © The Art Museum, Princeton University. Gift of the Arthur M. Sackler Foundation y1967-21.

Abb. 14: Shitao, *Bambus, Orchis und Felsen*, um 1700, Hängerolle. © Arthur M. Sackler Gallery, Smithsonian Institution, Washington, D.C.: Gift of Arthur M. Sackler, S1987.206.

Abb. 15: Shitao, *Lotos in einer Vase*, um 1700, Hängerolle. Shanghai Museum.

Abb. 16: Shitao, *Ausflug zur Grotte von Meister Zhang*, um 1700, Handrolle (Detail). The Metropolitan Museum of Art, Purchase, The Dillon Fund Gift, 1913 (1982.126). Image © The Metropolitan Museum of Art, New York.

Abb. 17: Shitao, *Kliff*. Blatt aus dem *Album mit Landschaften*, datiert 1701. © The Art Museum, Princeton University. Arthur M. Sackler Collection y1967-2 (d).

Abb. 18: Shitao und Jiang Heng (?), *Porträt des Hong Zhengzhi*, datiert 1706, Handrolle (Detail). Image © Arthur M. Sackler Gallery, Smithsonian Institution, Washington, D.C.

Abb. 19: Shitao, *Die Pfirsichblütenquelle*, ca. 1705–1707, Handrolle. Image © The Freer Gallery of Art, Smithsonian Institution, Washington, D.C.

Abb. 20: Shitao, *Alter Ginkgo am Qinglong-Berg, Erinnerungen an Nanjing*, datiert 1707. © Arthur M. Sackler Gallery, Smithsonian Institution, Washington, D.C. Gift of Arthur M. Sackler, S1987.204.11.